MIND unlimited

LERNHILFE

Wilfried Helms

Hausaufgaben erledigen

konzentriert – motiviert – engagiert

Klassen 5–10

Das Buch ist nach der neuen deutschen Rechtschreibung abgefasst.

3. Auflage (2003)

Lektorat: Klaus Kopinitsch, Wien
Umschlag, Illustrationen, Layout: Ulf Marckwort, Kassel
Satz und Lithographie: Typomedia, Neunkirchen
Druck: Druckerei Strube, Felsberg

Die MIND UNLIMITED-Lernhilfen sind nicht im Buchhandel erhältlich, sondern nur im Direktbezug bei MIND UNLIMITED.

MIND UNLIMITED
Forsthausstraße 56
D-35043 Marburg

www.mind-unlimited.com

Inhaltsverzeichnis

KAPITEL 1 **Hausaufgaben beginnen im Unterricht** 8

Hausaufgaben aufschreiben 10

Heftführung 11

KAPITEL 2 **Konzentration bei Hausaufgaben** 18

Störungen der Konzentration: fünf Ursachen 19

Die Tagesleistungskurve 26

Den Lerneinstieg finden 28

Umschalten aufs Lernen 29

Die Lernplanung 35

Feste Zeiten – sichere Hausaufgaben 36

Die tägliche Arbeitszeit planen 39

KAPITEL 3 **Grundtugenden des Lernens und Übens** 45

KAPITEL 4 **Anwendung der Lerntugenden** 53

1. Vokabeln lernen 53
2. Grammatik-Begriffe beherrschen 56
3. Verbformen und Deklinationen 57
4. Das Auswendiglernen von Regeln 60
5. Übersetzungsübungen 63
6. Arbeits- und Übungsaufgaben 64
7. Übungsaufgaben in Mathe 67
8. Auswendig lernen 68
9. Aufsätze schreiben 70
10. Texte bearbeiten 76
11. Das Notprogramm für Eilige 78

KAPITEL 5 **Kontrolle, Fehler, Korrektur** 79

KAPITEL 6 **Der innere Schweinehund** 87

KAPITEL 7 **Sieben Schritte zum Erfolg** 92

KAPITEL 8 **Hausaufgaben gemeinsam machen** 109

KAPITEL 9 **Was tun bei Ungerechtigkeiten?** 115

Vorwort

„Hausaufgaben sind ständiger Hausfriedensbruch." So charakterisierte vor längerer Zeit ein großes deutsches Nachrichtenmagazin die Hausaufgabenpraxis an Schulen.

Der Streit, ob Hausaufgaben überhaupt sinnvoll sind, und wenn ja, in welchen Formen, füllt Bücherschränke. Allein: Geändert hat sich nicht viel, seitdem in den fünfziger Jahren die ersten wissenschaftlichen Untersuchungen zeigten, daß ein Großteil der Hausaufgaben eher schadet denn nützt.

Dieses Lernhilfebuch hält sich nicht mit dem Streit um Sinn oder Unsinn der Hausaufgaben auf. Fakt ist, daß Ihr Kind täglich Hausaufgaben aufbekommt und damit fertig werden muß.

Deshalb erhält Ihr Kind mit diesem Buch eine umfangreiche Hilfe, wie es die Hausaufgaben besser, schneller und glücklicher bewältigen kann. Ihr Kind erhält umfangreiche und gezielte Tips zu den Themen Zeitplanung, Konzentration, Lerntechniken und Motivation.

Ihr Kind kann das Buch von vorne bis hinten durchgehen, es kann aber genausogut gezielt die Kapitel und Abschnitte lesen, die ihm wichtig sind.

Eine Lese-Etappe sollte nie größer sein als der Abstand zwischen zwei großen Überschriften. Ihr Kind hat um so mehr von diesem Buch, je weniger es auf einmal durchgeht.

Ihr Kind und Sie sollten dieses Buch gemeinsam lesen – und ausprobieren. Denn allein vom Lesen ändert sich nichts. Erst die Tat bewirkt den Erfolg.

Und nun wünsche ich Ihnen und Ihrem Kind viel Spaß und Erfolg.

Wilfried Helms

P.S.: Dieses Buch enthält alles, was Ihr Kind zum Gelingen der Hausaufgaben beitragen kann. Das ist aber der geringste Teil des Problems „Hausaufgaben". Wenn Sie als Eltern wissen wollen, was Sie alles tun können, um Ihr Kind zu unterstützen, wenn bei Ihnen manchmal die Hausaufgaben auch „Hausfriedensbruch" begehen, dann sollten Sie unbedingt unser Elternbuch zu diesem Thema lesen. Es ist in der gleichen Reihe erschienen und trägt den Titel „Besser motivieren – weniger streiten".

Ein ätzender Tag

6.15 Uhr: Der Wecker klingelt. Kaum, daß Torsten die Augen aufgerissen hat, sind seine Gedanken schon bei den Hausaufgaben, und statt Morgenfrische steigt lähmende Angst im Körper empor: „Mann, Mann, was mach' ich bloß in Mathe heute? Wenn der Schröder merkt, daß ich die Aufgaben nicht hab', gibt es gleich eine Fünf. Und Latein, die Formen bestimmen – Mann, Mann! Da wird's ja noch schlimmer – erst gibt mir der Wessel 'ne Fünf, und dann holt er mich bestimmt an die Tafel! Wenigstens wird's bei der Hertel nicht so schlimm, wenn die fragt, ob wir die Geschichtszahlen können! Geschichtszahlen sind eh' blöd!"

Torsten merkt, wie die Angst ihn einnimmt, und obwohl er noch im kuschelwarmen Bett liegt, ist ihm kalt.

„Vielleicht hab' ich ja 'ne Erkältung?" schießt ihm plötzlich der rettende Gedanke durch den Kopf. Also: Rumdrehen, schön warm einkuscheln und den Schutz genießen, den das Bett bietet!

Fünf Minuten hält die schöne, schutzgebende Bettenburg – dann stürmt Torstens Mutter seine Festung: „Los, raus aus den Federn, es wird Zeit!" schmeißt sie schwungvoll die Bettdecke zurück und Torsten aus dem Bett.

Der Einwand „Ich habe eine Erkältung" ist mit einem Blick in den Hals augenblicklich erledigt.

Während des lustlos hinuntergekauten Frühstücks kriechen neue Hoffnungsschimmer am Angsthorizont empor: „Vielleicht ist Wessel ja krank? Und die Hertel steckt im Stau! Ja, und Schröder, den alten Schleifer, frag' ich gleich nach seinen Kriegserlebnissen, dann vergißt er bestimmt die Kontrolle!"

Für einen kurzen Moment schmeckt das Brötchen besser.

Die Verabschiedung an der Haustür fällt eher mürrisch aus – wer geht schon frohen Mutes in den Untergang? Auf dem Schulweg drehen sich Torstens Gedanken weiter darum, wie er den Vormittag halbwegs unbeschadet übersteht. Wenn Schröder nicht erzählen will, die Hertel gut durchkommt und Wessel kerngesund wie immer ist, was dann? Jetzt ist Phantasie und Kreativität gefragt. „Wie Hausaufgaben doch das Denken anregen können", denkt Torsten bitter. „In Mathe kann ich von Stefanie abschreiben. Der hab' ich neulich die Bio-Aufgaben gegeben, da ist sie mir noch was schuldig. Stefanie müßte auch schon da sein, wenn ich komme! Ja, ja, Fahrschüler haben's gut, die sitzen jetzt alle im Bus und können seelenruhig die Aufgaben abschreiben – und ich latsche hier durch die Gegend! Also: Mathe von Stefanie. Und Latein? Latein is' in der zweiten Stunde, das schaffe ich nicht mehr, das auch noch abzuschreiben. Aber Klaus müßte die Aufgaben haben – der kann mir beim Abfragen schnell sein Heft rüberschieben. Ja, das müßte gehen! Jetzt noch Geschichte. Wenn ich einfach sage, ich hatte keinen Bock? Nein, dann is' die Hertel beleidigt. Die Ausrede muß halbwegs gut sein, dann ist die Hertel auch zufrieden. Genau! Ich sage ihr, mein Dackel wurde angefahren, und ich war so erschrocken und aufgelöst, daß ich mich den ganzen Tag auf nix mehr konzentrieren konnte! Das ist es!"

Torsten beschleunigt seine Schritte, um schnellstmöglich an Stefanies Mathe-Heft zu kommen. Schnippisch reicht ihm Stefanie ihr Heft („Die soll noch mal kommen, mein Bio-Heft haben wollen!"), und während um ihn herum das Chaos tobt, alle reden, lachen, springen und toben, versinkt Torsten in tiefste Konzentration und schreibt die Matheaufgaben ab. Gehetzt blickt er ab und zu zur Uhr, und schließlich hat er den Wettlauf gegen die Zeit gewonnen.

In den nächsten Stunden kommt es für Torsten nur noch darauf an, nicht dranzukommen. Bloß keine Aufgabe vorrechnen müssen! Bloß nicht eine lateinische Form bestimmen müssen! Ständig steht er unter Spannung, immer auf der Hut vor dem Lehrer. Mal zeigt er Interesse, dann versteckt er sich wieder hinter seinen Vorderleuten, und ab und zu, wenn der Lehrer in die andere Ecke des Zimmers blickt, um dort jemanden dranzunehmen, meldet auch Torsten sich zum Schein. In Geschichte tut Frau Hertel so, als würde sie ihm die Geschichte mit dem Dackel glauben. Nach jeder Stunde fühlt Torsten sich ausgelutscht, und während er heute mit dem Schrecken davonzukommen scheint, türmt sich mit jeder Stunde der neue Hausaufgabenberg höher und höher.

Auf dem Nachhauseweg von der Schule weiß Torsten schon, daß er heute wohl wieder nur die wenigsten Hausaufgaben erledigen wird. „Mathe und Latein kann ich eh' vergessen, das hab' ich sowieso nich' kapiert", nimmt er schon mal eine Vorauswahl vor. „Dann ist heute der Geburtstag von Michael, da läuft zwischen drei und sechs schon mal gar nichts. Naja, also nach dem Abendessen dann also – ach nein, Mist, da kommt ja Raumschiff Enterprise! Gut, also mal sehen, wann ich überhaupt Hausaufgaben machen kann."

Zu Hause fragt seine Mutter gleich nach, was er denn aufhabe. Schauspielerisch gekonnt, mit äußerlich großer Gelassenheit, schwingt Torsten sich hinter den Essenstisch: „Ach, heute nicht so viel. Nur in Englisch 'was lesen, und in Mathe die Aufgaben von gestern noch mal rechnen." Wenn Muttern wüßte! Aber wenn sie's wüßte, würde der Geburtstag von Michael ohne ihn stattfinden, und das geht nicht! Aber seine Mutter sagt nur: „Dann mach' die Aufgaben jetzt, und dann kannst Du los zu Michael!" 20 Minuten später ist Torsten unterwegs.

Auf der Geburtstagsfeier ist Torsten zum erstenmal für heute frei von Gedanken an die Hausaufgaben und verbringt eine unbeschwerte Stunde. Erst als die Geburtstagstorte angeschnitten wird und Klaus stolz erzählt, daß er die Englisch-Übersetzung schon hat und daß Latein heute ziemlich viel war und daß es wahrscheinlich morgen einen Test geben wird, hat Torsten plötzlich überhaupt keinen Appetit mehr auf die Torte.
Als er gegen fünf Uhr vorzeitig vom Geburtstag aufbricht – „Meine Mutter will mit mir noch in die Stadt" –, hegt er die Hoffnung, vor dem Abendessen noch schnell ins Lateinbuch gucken zu können. Aber zu Hause angekommen, muß er erst mal sein Zimmer aufräumen und dann den Dackel Gassi führen.

Nach Abendessen und Raumschiff Enterprise (wenigstens das war erholsam: Fernsehen anschalten, schlechtes Gewissen ausschalten) stürzen sich die Gedanken an die nichtgemachten Hausaufgaben sofort wieder auf Torsten. Schließlich schreibt er in Englisch schnell eine Übersetzung von vor zwei Wochen nochmal ins Heft („So genau guckt die Lehrerin eh' nicht hin!"), und das Lateinbuch legt er sich unters Kopfkissen. Das soll ja angeblich helfen.

Kurz bevor er einschläft, kommen ihm Worte in den Sinn, die er irgendwo mal gehört hat: „Diejenigen, die keine Hausaufgaben machen, beschäftigen sich am längsten mit ihnen."

Kapitel 1: Hausaufgaben beginnen im Unterricht

Manchmal kannst Du Hausaufgaben deshalb nicht machen, weil Du sie im Unterricht nicht mitbekommen oder die Aufgabenstellung vergessen hast. Oder Du weißt nicht mehr, wo Du sie Dir notiert hast.
Diesen Problemen kann abgeholfen werden.

HAUSAUFGABEN MITBEKOMMEN

Das wichtigste ist natürlich, überhaupt mitzubekommen, welche Hausaufgaben der Lehrer stellt. Laß Dich also nicht ablenken, wenn der Lehrer euch die Aufgaben aufgibt. Schreibe sie auf. Probleme gibt es natürlich immer dann, wenn Dein Lehrer selbst nicht für den richtigen Rahmen sorgt.

Du findest hier eine Checkliste, anhand der Du überprüfen kannst, ob Dein Lehrer für einen guten Rahmen sorgt:

DER RICHTIGE RAHMEN

Checkliste: Stellen der Hausaufgabe	ja	nein
Die Hausaufgaben werden erst gestellt, wenn der dazugehörige Stoff in der Stunde durchgenommen wurde	○	○
Die Hausaufgaben werden mindestens fünf Minuten vor Stundenschluß gestellt	○	○
Der Sinn der Hausaufgaben wird erläutert	○	○
Der Lehrer schreibt die Hausaufgaben an die Tafel	○	○
Du kannst Fragen stellen, wenn Dir die Aufgabenstellung unklar ist	○	○
Du hast genügend Zeit, die Aufgaben aufzuschreiben	○	○
Der Lehrer trägt die Aufgaben ins Klassenbuch ein	○	○
Der Lehrer sagt, wie lange die Erledigung der Hausaufgabe höchstens dauern sollte, und trägt auch diese Zeit ins Klassenbuch ein	○	○

MIT DEM LEHRER ÜBER DIE LISTE REDEN

Wenn Du **deshalb** Schwierigkeiten mit Hausaufgaben hast, weil Dein Lehrer sie fast mit dem Klingeln stellt, Du keine Fragen dazu stellen kannst und so weiter, dann frage ihn doch einmal ganz höflich, ob er nicht auf Deine Wünsche Rücksicht nehmen könnte. Der Lehrer hat ja auch den Wunsch, daß Du die Aufgaben erledigst. Und wenn die genannten Vorschläge Dir bei der Erledigung helfen, kann der Lehrer vernünftigerweise nichts gegen die gemachten Vorschläge haben, oder?

Ihr könnt ja auch gemeinsam mit ihm diese Checkliste besprechen.

Hausaufgaben aufschreiben

Auf jeden Fall solltest Du alle Hausaufgaben immer aufschreiben. Was mal geschrieben steht, kannst Du immer wiederfinden. Wichtig ist, daß Du alle Aufgaben an einem Ort – eben dem Hausaufgabenheft – stehen hast. Nur so hast Du den Überblick und weißt, was zu tun ist.

Schreibe alle Hausaufgaben in ein Hausaufgabenheft (oder in unseren Freizeitplaner).

1. KURZER ÜBERBLICK – ETWAS AUFBEKOMMEN?

Wenn Du häufig unsicher bist, ob Du überhaupt etwas in einem Fach aufhast, dann schreibe ins Hausaufgabenheft zunächst eine Liste aller Fächer, die Du an einem Tag hast. Dahinter notierst Du dann kurz, ob Du überhaupt etwas aufhast. Das kann dann so aussehen:

Montag, 10. Oktober:

1. Std.	*Englisch*	*ja, siehe unten*
2. Std.	*Deutsch*	*ja, siehe Hausheft*
3. Std.	*Deutsch*	*nein*
4. Std.	*Mathe*	*ja, siehe unten*
5. Std.	*Erdkunde*	*nein*
6. Std.	*Musik*	*nein*

2. WAS GENAU IST DIE AUFGABENSTELLUNG?

Darunter trägst Du dann für die einzelnen Fächer die ausführlichen Aufgabenstellungen ein. Zum Beispiel:

Englisch:	*Buch Seite 66, Übung 4, ganz*	*Dauer: 15 Minuten*
	Vokabeln Lek. 3, B-Teil	*Dauer: 10 Minuten*

Wenn der Lehrer euch eine Aufgabe diktiert, dann schreibe in Dein Hausaufgabenheft oder den Freizeitplaner Hinweise in dieser Art:

Deutsch: siehe Schulheft

Englisch: 10 diktierte Sätze übersetzen (siehe Schulheft)

3. ERLEDIGTES DURCHSTREICHEN

Und wenn Du die Aufgaben erledigt hast, streichst Du sie im Hausaufgabenheft durch.

Heftführung

Zur Erledigung der Hausaufgaben ist es nützlich zu wissen, was im Unterricht behandelt wurde. Sorge deshalb dafür, daß Du immer eine vernünftige Mitschrift im Hausheft hast, zumindest schreibe das Wichtigste von der Tafel ab.

Auf der nächsten Seite siehst Du, wie Du Dein Heft übersichtlich führen kannst.

WAS ZUR HEFTFÜHRUNG GEHÖRT

Zur übersichtlichen Heftführung gehören die folgenden Teile:

- Datum der Stunde
- Thema der Stunde
- Verlauf der Stunde
- Tafelmitschrift/Lehrerdiktat
- Hausaufgaben
- Korrektur
- Randsymbole zur Markierung von Besonderheiten

SO SIEHT DIE STRUKTUR DEINES HEFTES AUS

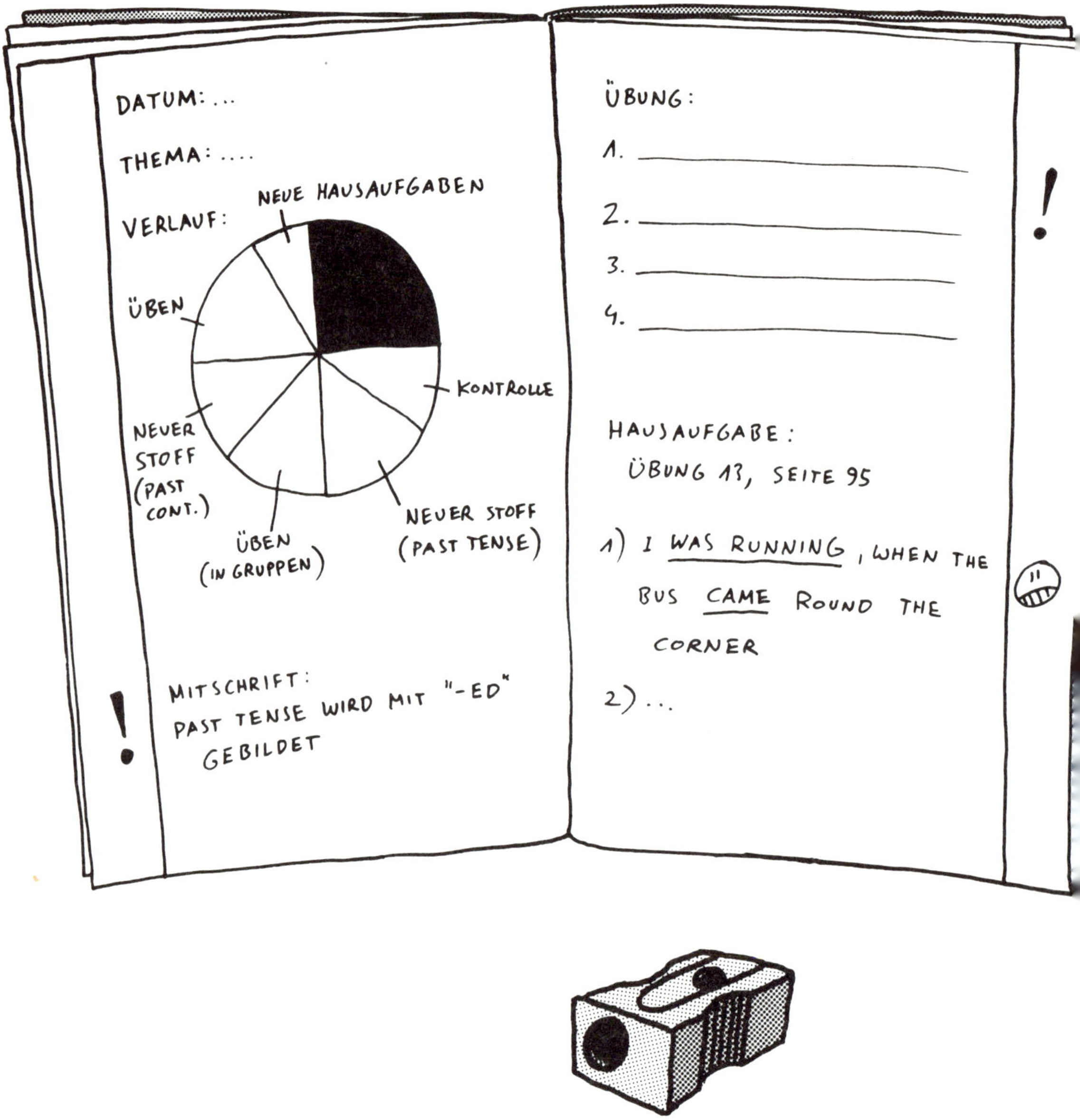

DAS DATUM

Das Datum gibt Dir einen Anhaltspunkt, wann ihr ein bestimmtes Thema behandelt habt. Es ist eine Erinnerungsstütze.

THEMA DER STUNDE

Mit dem Thema weißt Du, worum es in der Stunde geht. Das erleichtert Dir die Auswahl dessen, was Du in der Stunde ins Heft einträgst und was Du später zu Hause – bei den Hausaufgaben oder bei der Vorbereitung einer Klassenarbeit – wiederholen willst.

Du kannst der Unterrichtsstunde selbst besser folgen, wenn Du weißt, worauf der Unterricht hinausläuft. Meistens sagen Lehrer das Thema der Stunde nicht an. Bitte Deinen Lehrer darum, es in Zukunft zu tun, damit Du und Deine Mitschüler im Bilde und damit besser bei der Sache seid.

Wenn Dein Lehrer sich aus unerfindlichen Gründen weigern sollte, finde am Schluß der Stunde selbst eine Überschrift für das Thema. Frage zur Sicherheit Deinen Lehrer, ob Du mit Deiner Überschrift das Thema getroffen hast. Spätestens, wenn Du ihn zehnmal mit dieser Frage genervt hast, wird er in Zukunft freiwillig das Thema ansagen.

VERLAUF DER STUNDE

Wenn Du Dich zu Hause noch an den Verlauf der Stunde erinnern kannst, dann kommen automatisch auch andere Gedanken wieder ins Bewußtsein: wo Du aufgepaßt hast und wo nicht, was Du verstanden hast und was Du noch mal bei einem Freund nachfragen willst, worauf der Merksatz aufbaute, den der Lehrer am Schluß sagte usw.

Eine solche Verlaufsskizze ist denkbar einfach und kostet Dich kaum Zeit. Zeichne dazu einen Kreis, den Du in vier Teile zerlegst. Das sind die Viertelstunden. Schwärze eine Viertelstunde ein, die restlichen drei Viertel symbolisieren Deine Unterrichtsstunde von 45 Minuten. Jetzt kannst Du Dir mit kurzen Randbemerkungen ein Gedächtnis-Gerüst bauen, das Dir später bei den Hausaufgaben und vor Klassenarbeiten enorme Dienste leisten wird. Die Gedächtnis-Uhr kannst Du schon am Vortag zeichnen oder am Beginn der Stunde. Sie soll lesbar sein, aber kein Kunstwerk: **Das Anlegen der Grund-Skizze soll nicht länger als 20 Sekunden dauern, das Schreiben der im Laufe der Stunde hinzukommenden Stichwörter nicht länger als 5 Sekunden pro Stichwort.**

Für die eigene Beteiligung: rote Kreise, Punkte, Kreuze

Zusätzlich kannst Du einzeichnen,

- wann Du **aufgepaßt** hast (roter Punkt),
- wann Du Dich **gemeldet** hast (roter Kreis),
- wann Du auch **drangekommen** bist (rotes Kreuz).
- Ein **Ausrufezeichen** dahinter zeigt, daß Du einen richtigen oder guten Beitrag geleistet hast oder hättest.

Solche Markierungen sind aus zwei Gründen sehr wichtig:

Erstens: Du siehst, wie aktiv Du mitarbeitest. Das bedeutet: Du paßt auf, Deine mündliche Note wird gut sein.

Zweitens: Je mehr rote Kreise und Kreuze mit Ausrufezeichen Du hast, um so sicherer bist Du im Stoff, um so fester kann Dein Selbstvertrauen sein.

Unten siehst Du ein Beispiel für Dein Gedächtnis-Gerüst.

Denke bitte daran: Die Notizen sollen wirklich nur sehr wenige und kurz sein!

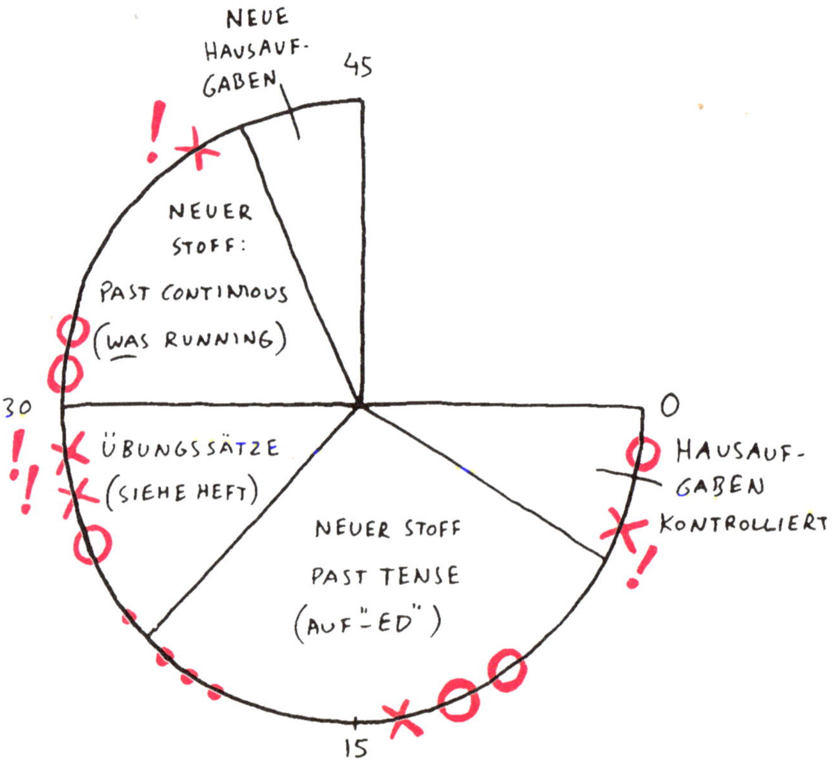

TAFELMITSCHRIFT / LEHRERDIKTAT

Dies ist der entscheidende Teil Deiner Stundenmitschrift. Hier kommt rein, was **Wichtiges** an der Tafel steht oder was der Lehrer diktiert. Wenn Dein Lehrer nicht von sich aus sagt, was Du mitschreiben sollst, frage ihn. Viele Lehrer sind von der Schülerfrage „Sollen wir das mitschreiben?“ genervt, aber dies ist eine der wichtigsten Schülerfragen überhaupt! Denn sie ist Ausdruck dafür, daß Du als Schüler wirklich das Wichtige mitbekommen willst. Daher sollte jeder Lehrer dankbar für diese Frage sein.
Deshalb: Stelle diese Frage immer wieder, wenn die Tafel benutzt wird. Damit Du nur das Wichtige mitschreibst.

TIPP

Ich habe früher mit meinen Schülern vereinbart, daß **die wichtigen Sachen** ausschließlich **auf den linken Tafelflügel** geschrieben werden. Sobald dort etwas geschrieben wurde, wußte jeder, daß es auch ins Heft kommen sollte. Wurde in der Mitte oder rechts geschrieben, brauchte niemand etwas mitzuschreiben, und jeder konnte voll konzentriert dem Geschehen an der Tafel folgen. Vielleicht vereinbart ihr mit eurem Lehrer auch so etwas?

Achtet dann darauf, daß der „wichtige“ Tafelbereich

- von jedem gut eingesehen werden kann,
- nicht durch Außenlicht überblendet wird,
- mit gut konstrastierender Kreide beschrieben wird,
- mit gut lesbarer Handschrift beschrieben wird.

HAUSAUFGABEN

Aufgabenstellungen hinschreiben

Im Anschluß an die Stundenmitschrift kommt der Teil „Hausaufgaben".
Zu den Hausaufgaben gehört immer, daß Du hinschreibst, welche Aufgabe es ist.

Im Heft steht also:

BUCH LEKTION 8, SEITE 95, AUFGABE 13

oder bei diktierten Aufgabenstellungen:

"BESCHREIBE DIE UNTERSCHIEDE ZWISCHEN BIENEN, FLIEGEN UND KÄFERN"

Auch Aufgabenstellungen, die Du nicht im Hausheft löst, gehören ins Heft hinein mit dem Hinweis, wo Du sie gelöst hast. **Im Heft steht dann:**

UNTERSTREICHE IM TEXT "DER BAUER UND DER KAUFMANN" ALLE SUBSTANTIVE.

Markieren, worauf's ankommt

Bei vielen Hausaufgaben geht es darum, gezielt eine **einzige Sache** zu üben. Wo das so ist, solltest Du dies auch durch eine andere Schreibfarbe oder durch Unterstreichungen hervorheben.

Beispiel Grammatikübung: Setze „*for*" oder „since" ein:

I have been waiting *for* three hours now.
I have been living here *since* 1978.

Wenn Du die Hausaufgaben nicht schaffst oder nicht kannst, schreibe ausführlich hin, an welcher Stelle Du gescheitert bist. So sieht Dein Lehrer erstens, daß Du Dich bemüht hast, und zweitens, wo Dein Problem liegt.

KORREKTUR

Dies ist ein ganz wichtiger Teil Deines Hausheftes: Keine Hausaufgabe nützt etwas, wenn sie nicht kontrolliert wird! Kontrolle allein aber genügt auch nicht: Erst mit einer **ernsthaften** Korrektur von Fehlern kannst Du Lernerfolge erzielen.

Deshalb solltest Du für jede falsche Hausaufgabe eine Korrektur direkt im Hausheft machen. Denn mit dem Hausheft bereitest Du später auch Klassenarbeiten vor, und dann darf nichts Falsches im Heft stehen! Mehr zum Thema „Korrektur“ erfährst Du auf den Seiten 84 bis 86.

RANDSYMBOLE

Mit kleinen Symbolen am Rande kannst Du für Dich selbst wichtige Informationen über den Unterricht schnell und sicher anbringen. Solche Symbole können sein:

Häkchen: *Ich habe den Stoff kapiert*
Fragezeichen: *noch nicht kapiert*
ein Kreis: *Beispielsätze, Beispielrechnungen*
Glühbirne: *hier ist mir ein Licht aufgegangen; ich habe eine neue Idee!*
Ausrufezeichen: *Sehr wichtiger Merksatz! Sehr wichtiger Stoff! Sehr wichtige Methode!*

Es empfehlen sich Strich-Punkt-Männchen. Etwa so:

 *hat Spaß gemacht*

 *war langweilig, automatisch erledigt*

 *konnte die Aufgabe nicht gut*

 *mußte ganz schön nachdenken, hab's aber gepackt!*

TIPP

Wenn Du einmal all diese Sachen für Deine Heftführung ausprobieren willst, dann mache es zunächst **nur in einem einzigen Fach!** Erfolg wirst Du nur haben, wenn Du Stück für Stück vorgehst.
Du kannst auch damit beginnen, daß Du zunächst einmal nur immer das Thema der Stunde mitschreibst.
Oder Du machst erst mal nur die Gedächtnis-Uhren (Stundenverlauf).

Kapitel 2: Konzentration bei Hausaufgaben

WAS IST KONZENTRATION?

Mittelpunkt geistiger Tätigkeit

Konzentration ist die Fähigkeit, seine geistigen Kräfte auf eine Sache zu richten, diese Sache in den Mittelpunkt der geistigen Tätigkeit zu rücken. Sinnbild dafür ist das Kleinkind, das traumverloren spielt und die Welt um sich herum vergißt.

Jeder kann sich konzentrieren

Jeder hat die Fähigkeit, sich zu konzentrieren. Das ist eine biologische Gegebenheit. Allein genetische oder entwicklungsbedingte Defekte können diese Fähigkeit ausschalten – bei den wenigsten Menschen ist dies der Fall. Das bedeutet aber auch, daß Unkonzentriertheit beseitigt werden kann.
Vorausgesetzt, Du hast keinen „Dachschaden“, was kann dann Deine Konzentration stören?

Störungen der Konzentration

1. URSACHE: ÄUSSERE STÖRUNGEN

Die Konzentration wird erheblich durch äußere Faktoren gestört: plärrende Geschwister, schlechter Arbeitsplatz, Unordnung, fehlendes Material, Baustellen vor dem Fenster, schlechte Luft, Kälte usw.

2. URSACHE: ERST DAS FRESSEN, DANN DIE MORAL!

Hunger, Durst, Müdigkeit, Bewegungsstau, Völlegefühl, Schmerzen stören ganz erheblich die Konzentration auf geistige Tätigkeiten. Erst wenn der Körper befriedigt ist, kannst Du Dich wieder voll auf geistige Denkprozesse konzentrieren.

3. URSACHE: NULL BOCK!

Grundsätzlich konzentriert sich jeder Mensch automatisch auf das, was ihm Spaß macht und/oder Vorteile bringt. Da Du für die Schule oft Aufgaben erledigen mußt, zu denen Du keine Lust hast, ist Unkonzentriertheit vorprogrammiert. Was Du für eine bessere Motivation tun kannst, findest Du überall in diesem Buch. Was Deine Eltern dazu tun können, finden sie ausführlich im MIND UNLIMITED-Lernhilfebuch „Besser motivieren – weniger streiten".

4. URSACHE: STRESS STRESST!

Streß in jeder Form mindert die Konzentration. Ob **Zeitdruck** oder **Streit** mit anderen Menschen, jedes unvorhergesehene Ereignis, das Dich innerlich beschäftigt, mindert Deine Konzentration.

5. URSACHE: GERINGES SELBSTBEWUSSTSEIN

Wenn Du Dir selbst bestimmte Dinge grundsätzlich nicht zutraust, fehlt auch die Konzentration. Stattdessen stellt sich regelrechte Angst, vor allem Angst vor dem Versagen, ein. Wie Du Deinen inneren Schweinehund und seine Ideenkiller an die Leine legst, erfährst Du in Kapitel 6 und 7.

1. Ursache: Äußere Störungen

Wenn Du in der folgenden Checkliste alle Fragen mit „Ja" beantworten kannst, hast Du optimale äußere Voraussetzungen, um Dich zu konzentrieren.
Alle Bereiche, die Du mit „Nein" beantwortet hast, solltest Du verändern.

GRUNDSÄTZLICHES	ja	nein
Ich kann meine Hausaufgaben alleine machen	○	○
LÄRM		
Meine Geschwister lassen mich in Ruhe	○	○
Meine Geschwister sind leise	○	○
Meine Mutter/mein Vater kommt nicht herein	○	○
Das Telefon ist außer Hörweite	○	○
Draußen gibt es nur die üblichen Geräusche (z.B. fließender Verkehr)	○	○
Wenn ich Musik bei den Aufgaben höre, spielt sie leise im Hintergrund	○	○
Die Musik, die ich bei den Aufgaben höre, ist Klassik, Rock oder Pop	○	○
Das Radio bleibt ausgeschaltet (zuviel verschiedene Musik, Moderation usw.)	○	○
Meine Haustiere sind still	○	○
ARBEITSPLATZ		
Ich habe einen eigenen Schreibtisch/eigene Schreibplatte	○	○
Mein Schreibtisch/Stuhl ist auf meine Körpergröße abgestimmt (siehe Seite 21)	○	○
Meine Sachen sind jederzeit aufgeräumt und griffbereit	○	○
Das Licht kommt von links (bei Linkshändern: von rechts)	○	○
Das Licht blendet weder direkt noch durch Spiegelungen	○	○
Ich habe Tageslicht/Licht aus normalen Glühbirnen (max. 60 Watt, „gelbes" Licht)	○	○
Ich habe jederzeit meinen Stundenplan vor mir	○	○
Ich habe eine Uhr bei mir	○	○
Vor meinem Fenster passiert nur das Übliche	○	○

Wichtig: Richtig sitzen

DIE RICHTIGE HALTUNG

Sehr wichtig ist es, wie Deine Körperhaltung bei den Hausaufgaben ist. Dein Tisch und der Stuhl müssen an Deine Körpergröße angepaßt sein.

Die Tischfläche sollte mindestens 1 m breit und 60 cm tief sein, damit Buch, Heft, Federmappe etc. gleichzeitig auf den Tisch passen.

Die Füße sollen flach auf dem Boden stehen, damit sie mithelfen, den Körper abzustützen.

Die Unterschenkel sollen senkrecht stehen.

Die Knie dürfen nicht den Tisch berühren und die Kniekehlen nicht die Stuhlkante.

Die Oberschenkel sollen ungefähr waagerecht verlaufen; auch sie dürfen natürlich nicht mit dem Tisch in Berührung kommen.

Die Ellbogen sollen sich auf Höhe der Tischkante befinden; sie können auch etwas unterhalb der Tischkante sein.

Der Stuhl sollte eine Rückenlehne haben, um den Rücken abzustützen. Armlehnen sind nicht zu empfehlen, sie stören die Bewegungsfreiheit und engen ein.

VERHÄLTNIS KÖRPERGRÖSSE-STUHLHÖHE-TISCHHÖHE

Körpergröße	***Stuhlhöhe (Sitzfläche)***	***Tischhöhe***
113 - 127 cm	30 cm	52 cm
128 - 142 cm	34 cm	58 cm
143 - 157 cm	38 cm	64 cm
158 - 172 cm	42 cm	70 cm
173 - 187 cm	46 cm	76 cm

Die Daten entnahmen wir dem Buch „Sitz- und Haltungsschäden. Auswahl und Anpassung der Schulmöbel." Von K.-H. Berquet, Stuttgart 1988.

MÖBEL ANPASSEN

Wenn das Verhältnis von Körper, Stuhl und Tisch bei Dir nicht stimmt, kannst Du mit einigen Tricks für die richtige Abstimmung sorgen:

- Du kannst die Sitzhöhe mit ein paar Kissen oder zusammengefalteten Decken korrigieren.
- Du kannst einen Schemel benutzen, wenn Deine Füße den Boden nicht erreichen.
- Du kannst den Tisch durch ein paar Holzklötze höher machen.

AM BESTEN LERNT MAN SCHRÄG

Beim Kauf neuer Möbel solltest Du gleich darauf bestehen, einen höhenverstellbaren Tisch und Stuhl zu kaufen. Gerade wenn Du noch jung bist, noch in der Grundschule, lohnt sich diese etwas teure Investition. Denn diese Schreibtische wachsen mit, und Du benutzt sie bis zum Schulende, ja sogar bis zum Examen, wenn Du studieren willst.

Und diese Tische haben einen unschlagbaren Vorteil: Sie haben eine schräge Schreibfläche. Wieso das wichtig ist? Nun, mache mal folgendes Experiment:

Ein Experiment

Nimm Dir ein Buch zur Hand. Setze Dich aufrecht und bequem auf einen Stuhl. Nun schlage einfach das Buch irgendwo auf und beginne zu lesen.
Wie hältst Du jetzt das Buch? Ich wette, Du hältst es schräg! Etwa so, wie in der Zeichnung.

Noch ein kleines Experiment

Lege das Buch auf Deinen Schreibtisch. Jetzt setze Dich aufrecht davor und beginne zu lesen. Nach einigen Zeilen wirst Du merken, daß Du Dich automatisch nach vorne beugst, um besser lesen zu können. Ein so gekrümmter Rücken schmerzt aber bald!

Schräge Schreibfläche - optimal!

Das Verhalten, das Buch schräg zu halten oder den Rücken zu krümmen, ist ganz natürlich: Beim Lesen und Schreiben richten alle Menschen ihren Blick nur ca. 30° nach unten. Das reicht nicht, um einen halbwegs günstigen Blickwinkel zu bekommen, der mindestens 40° beträgt. Also gibt es nur zwei Möglichkeiten: das Buch schräg halten (die spontane Reaktion bei freihändigem Lesen) oder den Rücken krümmen und sich nach vorne beugen.

Die dritte Möglichkeit schaffen die „modernen" Schreibtische: Sie haben eine schräge, um 16° gekippte Arbeitsfläche. Das sind dann zusammen mit der Höhenverstellbarkeit optimale Arbeitsbedingungen.

Wenn Du keinen neuen Schreibtisch kaufen willst, kannst Du Dir im Handel auch Aufsetzpulte kaufen. Die erfüllen den gleichen Zweck.

Oder Du baust Dir selbst einen Pultaufsatz. Das wäre doch auch mal ein Vorschlag für den Werk- oder Kunstunterricht?
Wenn Du Dir selbst ein Pult bauen willst, können wir Dir eine Bauanleitung zuschicken: **MIND UNLIMITED; Gutenbergstr. 19, D-35037 Marburg.**

2. Ursache: Erst das Fressen, dann die Moral!

ZUERST DEN KÖRPER BEFRIEDIGEN

So sagt der Volksmund, und so ist es auch richtig: Dein Körper hat eine Reihe eigener Bedürfnisse, die erst befriedigt sein müssen, bevor Du konzentriert denken kannst. Wie stark Körperbedürfnisse sind, merkst Du spätestens dann, wenn Du eine komplizierte Aufgabe lösen sollst, gleichzeitig aber enormen Druck auf der Blase verspürst...

Im folgenden wieder eine Checkliste, die Dir hilft, mögliche Ursachen für Konzentrationsschwäche zu entdecken. Wenn Du alle Fragen mit „Ja" beantworten kannst, hast Du optimale Voraussetzungen, um Dich zu konzentrieren. **Alle Bereiche, die Du mit „Nein" beantwortet hast, solltest Du verändern.**

GRUNDSÄTZLICHES	ja	nein
Ich schlafe je nach Alter mindestens 8,5 bis 10 Stunden (je jünger, je länger)	○	○
Ich mache täglich mindestens eine halbe Stunde Sport/Rumtoben (oder 1 Stunde Gehen)	○	○
Ich habe eine ausgewogene Ernährung mit viel Getreide- und Milchprodukten, viel Gemüse und Obst, wenig Fettes und Süßes, gelegentlich Fleisch und Fisch (2–3x pro Woche), viele Ballaststoffe	○	○
Ich kenne meine persönlichen Leistungsschwankungen am Tage	○	○
Grundsätzlich bin ich gut drauf und finde das Leben an sich angenehm	○	○
Ich bin im allgemeinen gesund und habe keine störenden Krankheiten	○	○

WÄHREND DER HAUSAUFGABEN	ja	nein
Ich bin satt, habe aber kein vollgepapptes Gefühl im Bauch	○	○
Ich habe genug getrunken, bin nicht durstig	○	○
Ich friere nicht, ich schwitze nicht, mir ist angenehm zumute	○	○
Ich sitze bequem, habe keine Verspannungen	○	○
Meine Füße stehen auf dem Boden	○	○
Meine Knie/Oberschenkel sind ohne Berührung zum Tisch	○	○

Ich arbeite bei Tageslicht oder Glühbirnenlicht	○	○
Ich mache alle 20 Minuten kleine Gymnastikübungen	○	○

Ich habe immer Obst und Wasser neben mir stehen	○	○
Ich habe weder Harn- noch Stuhldrang	○	○
Ich bin momentan gesund	○	○
Ich habe keine Rückenschmerzen	○	○
Meine Füße sind warm	○	○

Die Tagesleistungskurve

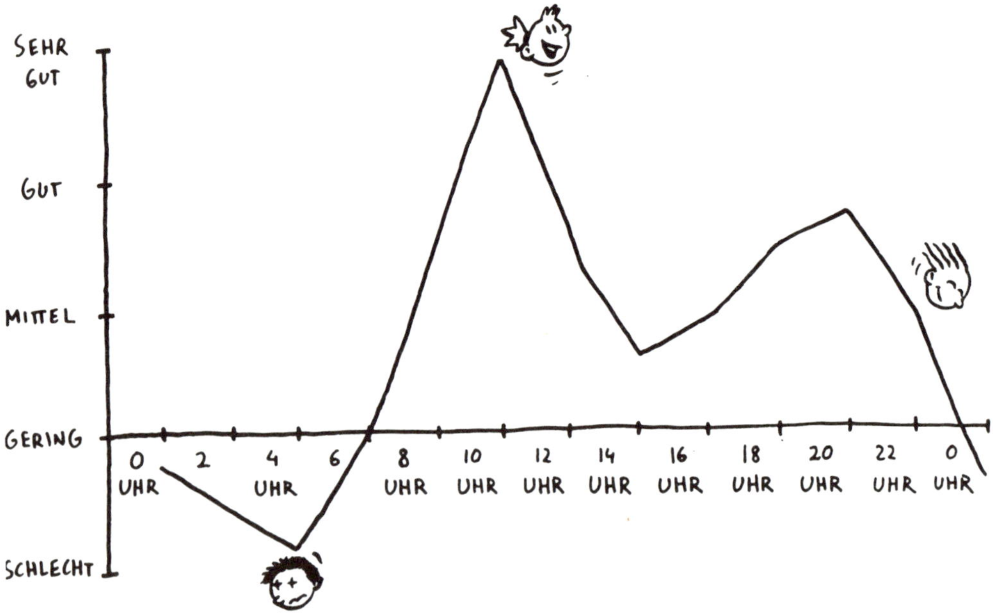

Wie alle Menschen bist auch Du zu bestimmten Tageszeiten „besonders gut drauf", zu anderen Tageszeiten fühlst Du Dich schlapp und müde.

DEN EIGENEN RHYTHMUS FINDEN

Oben siehst Du die Leistungskurve eines Durchschnittsmenschen. Für die meisten Leute gilt diese Verteilung: Leistungshöhepunkte morgens zwischen 10 und 12 Uhr sowie zwischen – etwas geringer – 16 und 20 Uhr. Vielleicht weicht Deine persönliche Leistungskurve von der oben gezeigten ab? Finde es durch Selbstbeobachtung heraus.

LERNEN WÄHREND DER LEISTUNGSSPITZEN

Grundsätzlich gilt: Lernen sollst Du zu den Leistungsspitzen (morgens und später Nachmittag).
Gleich nach der Schule gegen 14 Uhr ist ein Leistungstief – hier solltest Du also keine Hausaufgaben machen.

ABER: SPIEL MIT KAMERADEN GEHT VOR!

Wenn Du später am Nachmittag mit Deinen Freunden spielen willst und deshalb um 14 Uhr im Leistungstief Deine Hausaufgaben machen willst, dann tue das! Denn mit Deinem Willen kannst Du Dich über das nachmittägliche Leistungstief hinwegsetzen.
Andersherum wird es aber nicht klappen, konzentriert Hausaufgaben zu machen, wenn man genau weiß, daß draußen die Freunde spielen.
Hier ein paar Tips, wie Du Dein Leistungstief am Nachmittag abflachen und für bessere Konzentration sorgen kannst:

DAS LEISTUNGSTIEF ABFLACHEN

Folgende Tips helfen Dir, auch im Leistungstief Leistung zu zeigen:

- frische Luft und viel Bewegung (Gymnastik alle 20 Minuten)
- viel Wasser (erhöht Leitungsfähigkeit der Nerven; befreit den Körper von Schlackestoffen)
- nur leichtes und wenig Mittagessen
- eventuell **„Schlüsselschlaf“**, d.h., sich mit einem Schlüsselbund in der Hand hinlegen und einnicken. Dabei fällt automatisch der Schlüsselbund aus der Hand, und Du wachst vom Klirren auf. In diesen zwei, drei Minuten des Einnickens erholt sich Dein Körper, noch bevor vom Gehirn die Tiefschlaf-Stoffe ausgeschüttet werden. Wenn Du ohne Schlüssel einnickst, wachst Du zu spät auf und würdest Dich dann den ganzen Nachmittag wegen der Tiefschlaf-Stoffe matt fühlen. Deshalb: immer mit Schlüsselbund einnicken!

MERKE

Wenn Dein grundsätzlicher Lebenswandel so gestaltet ist, daß Du immer viel Bewegung hast, Dich abwechslungsreich ernährst, nachts mindestens 8,5 Stunden schläfst und sowieso Spaß am Leben und das Gefühl hast, von den meisten Leuten gemocht zu werden, dann entsteht mittags sowieso gar nicht erst ein ausgeprägtes Leistungstief.

Den Lerneinstieg finden

EIN MISSGLÜCKTER EINSTIEG

Du hast Dir fest vorgenommen: Heute ist Lerntag.
Jetzt wird in die Hände gespuckt und dann Aufgabe für Aufgabe ruck-zuck erledigt. Also: Erst einmal Papier suchen (wo habe ich das denn schon wieder?), Bleistifte spitzen, alles zurechtlegen (wenn man nur alles griffbereit hätte...).
Ohne Fleiß kein Preis – erst mal eine Cola holen. Naja, ein bißchen Hunger hab' ich schon auch noch. Gesunde und ausgiebige Ernährung ist ja so wichtig! Mal sehen, was noch im Kühlschrank steht. Beim Umweg übers Wohnzimmer die Fernsehzeitung entdeckt. Gute Gelegenheit, sie durchzublättern. Man muß ja schließlich wissen, womit man sich hinterher belohnt. Interessanten Artikel über Popkonzerte entdeckt. Gleich lesen. Allgemeinbildung ist schließlich wichtig. Um 17 Uhr kommt eine tolle Sendung im Fernsehen...die sollte man nicht verpassen. Sonst kann ich morgen nicht mitreden. Wie spät ist es denn? Oh, halb fünf. Na, in der halben Stunde lohnt's sich auch nicht, noch mit den Hausaufgaben anzufangen. Aber nach dem Film, da geht's los.
Wie Dieter wohl der Film gefallen hat? Ob er ihn überhaupt gesehen hat? Gleich mal anrufen, Freundschaften soll man pflegen!
Leider hat das Gespräch länger gedauert (Dieter wußte soviel Neues zu erzählen). Mal sehen, was überhaupt zu tun ist:
Vokabeln – komm' ich morgen bestimmt nicht dran, war erst gestern dran. Mathe: Ah ja, die neuen Aufgaben, hm, interessant. Interessant? Die schaff' ich, glaub' ich, sowieso nicht. Das soll mir morgen Dieter zum Abschreiben geben (wie gut, daß ich ihn angerufen habe!). Aber der Deutsch-Aufsatz, den kann ich...Wo bleibt nur die zündende Idee? Was, schon dunkel draußen? Kann doch nicht sein?!
Naja, bei Musik wird mir schon 'ne Idee kommen. Stimmt: Ich fühle mich so angespannt, brauche unbedingt Bewegung! Am besten, nochmal raus auf die Straße. Beim Rumtoben kann man herrlich Frust abbauen.
Weiß gar nicht, wieso ich schon wieder so genervt bin...

Umschalten aufs Lernen

NICHT SOFORT LERNBEREIT

Wenn Du Dich ans Lernen machst, wirst Du feststellen, daß Du nicht sofort „bei der Sache“ bist. Das ist ganz natürlich.

Erstens ist Lernen eine anstrengende Tätigkeit, und Dein Gehirn muß erst langsam warmlaufen, bevor es voll da ist. Gerade so, wie ein Sportler sich erst warm macht, bevor er wirklich „zur Sache“ geht.

STARKE ERLEBNISSE ERST VERARBEITEN

Zweitens kann es sein, daß Dir persönliche Erlebnisse so stark im Kopf herumgehen, daß sie Deine Aufmerksamkeit verlangen. Das kann ein Film sein, der Dich tief beeindruckt, das kann ein Unfall sein, den Du gerade miterlebt hast, das kann ein Streit mit Deinen Eltern oder Geschwistern sein, was auch immer: Diese Erlebnisse lenken Dich ab.

SO KANNST DU AUFS LERNEN UMSCHALTEN

Kurz gesagt: Aufs Lernen mußt Du umschalten.
Auf den nächsten Seiten findest Du konkrete Vorschläge, wie Du umschalten kannst.

Die Vorschläge sind nach der Heftigkeit Deiner momentanen Ablenkung geordnet.

- Wenn Du schon ziemlich lernbereit bist, reicht die Übung 1.
- Wenn Du gerade furchtbar beleidigt bist, fängst Du vielleicht mit Übung 6 an.
- Wenn Du gerade im Lotto gewonnen hast, ist wahrscheinlich Übung 9 angemessen...

Umschaltübung 1:

LERNPLANUNG

Plane die Durchführung Deiner Hausaufgaben: Was willst Du zuerst erledigen, was später? Wie schwer sind die einzelnen Aufgaben? Wie lange soll jede Aufgabe dauern? Welche wird Dir Spaß machen, welche sind (langweilige?) Routine? Bei welchen erwartest Du Schwierigkeiten? Solche Überlegungen regen Dein Gehirn an und lenken die Konzentration schon auf die Aufgaben. Wie Du am besten planst, erfährst Du im nächsten Kapitel.

Alternativübung: 5 Vokabeln lernen

Eine effektive Umschaltübung aufs Lernen ist auch der Sprung ins kalte Wasser, indem Du fünf Vokabeln lernst. Das ist leicht, überschaubar, und Du hast sofort einen Nutzen davon und ein Erfolgserlebnis! Mit so einem guten Gefühl läßt es sich viel leichter an die nächste Aufgabe herangehen.

Extra Konzentrationsübungen machen?

Viele Bücher zum Thema Konzentration empfehlen, zum Lerneinstieg eine Konzentrationsübung zu machen, etwa Schlangenlinien mit dem Auge verfolgen, ein Kreuzworträtsel lösen oder ähnliches. Ich halte das für Zeitverschwendung. Viele Schüler haben mir auch erzählt, daß sie sich nach solchen Spielchen überhaupt nicht auf die Hausaufgaben einlassen konnten, sondern viel lieber noch weitere Konzentrationsspiele machen würden. Das ist ja auch verständlich. Deshalb mein Vorschlag, zum Einstieg eine Lernplanung zu machen oder 5 Vokabeln zu lernen. Das hängt beides schon unmittelbar mit Deinen Aufgaben zusammen, ist kurz und überschaubar und bringt unmittelbaren Erfolg.

Umschaltübung 2:

BEWEGUNG ÜBER KREUZ

Es gibt eine Reihe von Bewegungsübungen, die sich sehr gut auf die Konzentration auswirken. Das sind alles Übungen, bei denen Du Dich „überkreuz" bewegst, das heißt, gleichzeitig Arme und/oder Beine beider Körperhälften bewegst. Die einfachste Übung ist das Überkreuzmarschieren auf der Stelle. Dabei hebst Du gleichzeitig den rechten Arm und das linke Bein, dann den linken Arm und das rechte Bein. So marschierst Du ungefähr eine halbe Minute (30x) auf der Stelle. Der Hintergrund: Jede Gehirnhälfte steuert eine Körperhälfte. Wenn Du überkreuz marschierst, sind beide Hirnhälften gleichzeitig aktiv. Um das Gleichgewicht zu halten, müssen beide zusammenarbeiten. So ist das Hirn ganzheitlich aktiviert, und es geht mit voller Kraft ans Lernen. Der Nebeneffekt: Durch die Bewegung wird Dein ganzer Körper auch noch munter!

Umschaltübung 3:

GESCHICHTEN ERFINDEN

Mit fünf Vokabeln eine Geschichte im Kopf erfinden und mit Bewegungen, Intonation und Mimik wie ein Schauspieler nacherzählen. Das regt ebenfalls das ganze Gehirn an, und Du lernst schon mal fünf Vokabeln.

Umschaltübung 4:

DEN ERFOLG VORWEG GENIESSEN

Stelle Dir vor, was Du alles gleich nach Erledigung Deiner Hausaufgaben erreicht haben wirst und wie schön es ist, so viel geschafft zu haben. Stelle Dir vor, wie Du von Deinen Eltern, Klassenkameraden und vom Lehrer gelobt wirst. Überlege Dir, wie Du Dich anschließend selbst belohnen wirst. Es schadet nichts, wenn Du hierbei Dein Lieblingsmusikstück hörst. Dann ist auch gleichzeitig mit dem Ende der Musik das Signal da, Deine Phantasie in die Wirklichkeit umzusetzen und mit den Aufgaben anzufangen.

Umschaltübung 5:

GEDANKENMÜLL-KORB

Wichtig ist es, daß Du Dich überhaupt erst mal hinsetzt an den Schreibtisch. Wenn Dir dann Null-Bock-Gedanken durch den Kopf gehen wie „Ich muß noch Blumen gießen", „Eigentlich müßte ich erst mal den Hund Gassi führen", „Mathe kann ich eh nicht" usw., dann schreibe diese Gedanken einen nach dem anderen auf kleine Zettel und schmeiße sie in einen extra dafür angefertigten „Gedankenmüll-Korb". Das kann ein alter, schön beklebter Schuhkarton sein. Anschließend mache eine der vorher genannten Umschaltübungen.

Wenn der Korb irgendwann voll ist, kannst Du ihn zusammen mit Freunden, Eltern oder Geschwistern plündern und mal schauen, was Dein innerer Schweinehund Dir alles an Ideenkillern geschickt hat in den letzten Wochen!

Umschaltübung 6:

ÜBER ERLEBTES NACHDENKEN

Manchmal gehen Dir Erlebnisse, Gespräche, Streit usw. durch den Kopf. Das gibt es ja oft, daß Dinge passieren und „man es einfach nicht fassen" kann. Setze Dich in solchen Fällen, wo Dir eine Sache noch im Kopf rumgeht, erst mal hin und denke dann in aller Ruhe über die Sache nach. Betrachte sie von verschiedenen Seiten, versuche, eventuelle Folgen abzuschätzen oder was andere darüber denken, wäge Vor- und Nachteile verschiedener Lösungen ab usw. Denke solange nach, bis Du mit Deinem Nachdenken zufrieden bist oder Deine Gedanken sich im Kreis drehen. Mache dann eine der vorgenannten Umschaltübungen.

Umschaltübung 7:

GEDANKEN AUFSCHREIBEN

Manchmal sind Erlebnisse so heftig, daß Dir die Gedanken wild und ungeordnet durch den Kopf schießen. In solchen Fällen solltest Du Deine Gedanken aufschreiben, etwa in einem Brief an Dich selbst oder einen Freund. Du kannst auch ein Tonband besprechen, wenn Du die technischen Möglichkeiten dazu hast.

Das Aufschreiben hat den Vorteil, daß Du die Gedanken zunächst festhältst. Schon das beruhigt. Und dann kannst Du später den Brief noch mal lesen und über das Problem in Ruhe nachdenken.

Umschaltübung 8:

MIT JEMANDEM SPRECHEN

Manchmal wirst Du mit Ereignissen und Problemen nicht allein fertig werden. Dann hilft nur eines: Suche das Gespräch mit einer vertrauten Person. Entweder Du verabredest Dich, oder aber Du telefonierst. Wenn es allerdings um wirklich schwere Probleme geht, ist das persönliche Gespräch am besten. Nach so einem Gespräch machst Du eine der Umschaltübungen 1 – 5. Dann wird es halbwegs gehen, die Aufgaben zu machen.

Umschaltübung 9:

NICHTS GEHT MEHR

Wenn Dich aber irgendetwas so hart trifft, daß Du nur noch daran denken kannst, dann laß die Hausaufgaben für diesen Tag sausen. Davon geht die Welt nicht unter.

Umschaltübung 10:

FÜR TOBEFIXE UND ERSCHÖPFTE

Wer gerade viel rumgetobt hat oder müde und erschöpft ist, der sollte sich vor den Hausaufgaben erst mal eine ruhige viertel bis halbe Stunde gönnen, sich aufs Sofa oder Bett hauen, Musik anschalten und die Gedanken einfach so fließen lassen, an alles mögliche oder auch an gar nichts denken. Nach dieser Zeit dann eine der Umschaltübungen 1 – 5 machen.

Die Lernplanung

HAUSAUFGABEN SOFORT ERLEDIGEN

Die Hausaufgaben, die Du aufbekommst, solltest Du sofort am gleichen Tag erledigen, auch wenn Du das betreffende Fach erst in zwei oder drei Tagen wieder hast.

Das gilt insbesondere auch für Hausaufgaben, die Du übers Wochenende oder für Montag aufhast.

Denn wenn Du Hausaufgaben auf dem letzten Drücker machst, hast Du bei plötzlich auftauchenden Schwierigkeiten keine Ausweichmöglichkeit mehr. Solche Schwierigkeiten sind:

- Die Hausaufgaben dauern länger als geplant.
- Eine plötzliche Verabredung kommt dazwischen oder irgendein Ereignis passiert.
- Du stellst plötzlich fest, daß Du die Aufgabe nicht kannst, am Sonntagabend erreichst Du aber niemanden mehr, der Dir helfen kann.
- Dir ist nicht mehr klar, was ihr zur Vorbereitung der Hausaufgabe im Unterricht gemacht habt, weil es schon zwei/drei Tage her ist.

Wenn Du Hausaufgaben sofort erledigst, können Dir solche Schwierigkeiten nichts anhaben, weil Du noch genügend Zeit hast, um mit den Schwierigkeiten fertigzuwerden.

Deshalb (um unvorhergesehene Schwierigkeiten besser zu meistern, nicht um möglichst den ganzen Tag zu schuften und möglichst viel zu tun) hat auch die alte Volksweisheit recht, die da sagt:

Was Du heute kannst besorgen, verschiebe nicht auf morgen!

Feste Zeiten – sichere Hausaufgaben

SO VIEL HAUSAUFGABEN MUSST DU MACHEN

So wie es Deine Pflicht ist, morgens zur Schule zu gehen, so gehört es auch zu Deiner Pflicht, am Nachmittag eine bestimmte Zeit über den Hausaufgaben zu sitzen.
Je nachdem, in welchem Staat/Bundesland Du lebst und in welcher Klasse Du bist, schwanken die Höchstgrenzen für die Hausaufgabenzeit.

Als Faustregel gilt:

- In den 4. Klassen darf ein Schüler höchstens 60 Minuten Hausaufgaben machen.
- In den 5. und 6. Klassen zwischen einer und eineinhalb Stunden (Ausnahme: in Bayern 2 Stunden).
- In den 7. bis 9. Klassen sind es zwischen eineinhalb und zwei Stunden.
- In den 10. Klassen allermeistens 2 Stunden.

TIPP

Bei Deiner Schülervertretung erhältst Du den für euch gültigen Hausaufgabenerlaß.

FESTE HAUSAUFGABENZEITEN SUCHEN

Die genannten Zeiten sind Höchstzeiten, in der Regel für einen durchschnittlichen Schüler. Wenn Du länger an Deinen Hausaufgaben sitzen mußt und anderen aus Deiner Klasse geht es genauso, dann geben euch eure Lehrer zu viel auf. Was Du in einem solchen Fall tun kannst, erfährst Du im folgenden Abschnitt.

Für die Planung ist es zunächst wichtig, daß Du Dir jeden Tag in der Woche Deine Höchstzeit freihältst, entweder in **einem** Zeitblock (z.B. 2 Stunden von 14.00 Uhr bis 16.00 Uhr) oder aufgeteilt in **zwei** Blöcke (z.B. 2 Stunden, dabei eine Stunde von 14.00 Uhr bis 15.00 Uhr und noch mal eine Stunde von 18.00 Uhr bis 19.00 Uhr).

Am besten ist es, wenn Du Dir immer die gleichen Zeiten freihältst, dann hast Du eine große Gewöhnung an diese Zeiten, und es fällt Dir leichter, Dich überhaupt an die Aufgaben zu setzen.

Die beste Zeit

Wann diese Hausaufgabenzeiten sind, sollst Du Dir frei aussuchen. Da sollen Deine Eltern Dir keine Vorschriften machen. Vom Ende des Mittagessens bis gegen 20.00 Uhr ist alles erlaubt.
Entscheidungshilfen können sein:

- Wann bin ich fit, wann bin ich müde?
- Wann spielen meine Freunde meistens?
- Wann muß ich zu anderen Veranstaltungen wie Reiten, Tanzkurs, Sportverein?
- Wann kommt mein Lieblingsfilm im Fernsehen?

Wenn Du keine freien Zeiten haben solltest, dann mußt Du etwas anderes ausfallen lassen: Hausaufgaben gehören leider zu Deinen festen Pflichten, also ***mußt*** *Du Dir für sie Zeit nehmen.*

FESTE ZEITEN – KEINE SCHWIERIGKEITEN

Wenn Du einmal feste Zeiten hast, dann kannst Du Deine Freizeit besser planen. Verabredungen kannst Du dann leichter treffen. Und wenn wirklich einmal etwas sehr Wichtiges während Deiner Hausaufgabenzeit stattfindet, dann kannst Du Dir für dieses eine Mal einen Ersatztermin suchen.

TIPP

Wenn Du mit Deinen Freunden verabredest, daß ihr alle zur gleichen Zeit Hausaufgaben macht, dann könnt ihr euch bei Schwierigkeiten gegenseitig anrufen. Noch besser ist es natürlich, wenn ihr die Hausaufgaben gleich zusammen macht! Mehr dazu aber im Kapitel 8.

Aufgabe:

Trage hier Deine feste Zeiten für Deine Hausaufgaben ein (oder auf einen selbstgemalten Plan oder auf unseren Freizeitplaner):

Zeit	Montag	Dienstag	Mittwoch	Donnerstag	Freitag
13.00 - 13.30					
13.30 - 14.00					
14.00 - 14.30					
14.30 - 15.00					
15.00 - 15.30					
15.30 - 16.00					
16.00 - 16.30					
16.30 - 17.00					
17.00 - 17.30					
17.30 - 18.00					
18.00 - 18.30					
18.30 - 19.00					
19.00 - 19.30					
19.30 - 20.00					

Die tägliche Arbeitszeit planen

ARBEITSZEIT: AN DEN ERLASS HALTEN

Die vorgeschriebenen Höchstzeiten für die Hausaufgaben solltest Du nicht überschreiten. Diese Höchstzeiten sind nämlich aus einem guten Grund festgelegt worden: Es gibt noch ein Leben außerhalb der Schule! Und für dieses Leben und die Erfahrungen, die Du dort, außerhalb der Schule machen kannst, mußt Du genügend Zeit haben! Das sehen selbst die Leute so, die die Hausaufgabenerlasse geschrieben haben.

WAS TUN BEI ZEITNOT?

Nun tauchen aber Probleme auf: Manche Hausaufgaben dauern sehr lange, weil Du noch Material besorgen mußt oder weil Du wider Erwarten den Stoff nicht kannst. Oder Deine Lehrer haben Dir mal wieder besonders viel aufgegeben. Was tun?

DEN LEHRER DIE ZEIT SCHÄTZEN LASSEN

Bitte Deine Lehrer, jeweils die Zeit anzugeben, die ihr für die jeweilige Hausaufgabe höchstens benötigen sollt.
Wenn Du die von den Lehrern angegebenen Zeiten für jeden Tag zusammenzählst, darf an keinem Tag eine Summe herauskommen, die über Deiner Hausaufgabenhöchstzeit liegt. Schreibe die vom Lehrer geschätzten Zeiten ins Hausaufgabenheft.
Auf der nächsten Seite findest Du ein Beispiel für ein solches „Schätz-Protokoll".

BEISPIEL: SCHÄTZ-PROTOKOLL

Fach	**Aufgabe**	**vom Lehrer vorgegeben**
Englisch:	Vokabeln Lektion 6, 1 – 20	**10 min**
	Übung 13, Past Tense einsetzen	**5 min**
Mathe:	Seite 45, Aufgaben 1 bis 4, jeweils a – d	**15 min**
Geschichte:	Text lesen auf Seite 55 „Karl der Große“	**5 min**
	Geschichtszahlen Seite 56 auswendig lernen	**10 min**
Deutsch:	Nacherzählung von Text auf Seite 127	**15 min**
	Fragen zum Text (siehe Hausheft)	**10 min**
Biologie:	Unterschiede von Käfern, Fliegen, Bienen	**10 min**
Musik:	Lied „Freut euch des Lebens“ auswendig lernen	**10 min**
Summe:		**90 min = 1,5 Stunden**

Nehmen wir an, Du wärst in der 6. Klasse in einer hessischen Schule und ein eher durchschnittlicher Schüler, dann dürftest Du höchstens **eine Stunde Hausaufgaben** am Tag machen. Die Lehrer selbst haben aber schon geschätzt, daß Du insgesamt 30 Minuten mehr brauchen wirst!
Durch das Nachfragen bei den Lehrern kannst Du also ganz einfach herausbekommen, ob ihr zuviel Hausaufgaben aufbekommt oder ob die Lehrer sich an die Zeiten halten, die der Hausaufgabenerlaß nennt.
Denn es ist zwar **Deine Pflicht, Hausaufgaben zu machen**, gleichzeitig ist es aber die **Pflicht der Lehrer, die Höchstzeiten einzuhalten!**
In diesem Fall solltest Du zusammen mit Deinen Klassenkameraden die Lehrer darauf ansprechen, daß sie weniger aufgeben sollen und die Zeiten für die Hausaufgaben ins Klassenbuch eintragen, damit alle Lehrer wissen, wieviel ihr schon aufhabt.

SELBSTBEOBACHTUNG

Auch Lehrer verschätzen sich

Aber selbst wenn die Schätzung der Lehrer im Rahmen der vorgegebenen Höchstzeiten bleibt, können sich die Lehrer immer noch irren. Ein Kollege von mir, der Englisch unterrichtet, war immer der Meinung, 40 Vokabeln könnte man in 20 Minuten gut lernen. Seinen Schülern hat er nicht geglaubt, daß sie mindestens dreißig Minuten brauchten, die langsamsten sogar eine volle Stunde! Schließlich hat er sich mit seinen Schülern darauf geeinigt, selbst 40 Vokabeln zu lernen, um zu beweisen, daß es in 20 Minuten geht. Die Schüler gaben ihm 40 italienische Vokabeln (Italienisch konnte er nicht, also waren es tatsächlich für ihn unbekannte Vokabeln) - nach 35 Minuten brach er dann das Vokabellernen genervt ab.... Seit diesem Experiment gibt dieser Lehrer immer nur noch höchstens 10 Vokabeln an einem Tag auf!
Lehrer können sich also irren, gerade was das Schätzen der Zeit angeht, die für Hausaufgaben benötigt wird.
Deshalb solltest Du zu den Hausaufgaben immer dazuschreiben, wieviel Zeit **Du** für sie benötigst.

Aufgabe:

Bevor Du Deine täglichen Hausaufgaben beginnst, schätze einmal, wieviel Zeit Du jeweils für Mathe, Englisch, Vokabeln lernen usw. brauchst. Schreibe die geschätzte Minutenzahl hinter die Aufgabe im Hausaufgabenheft. Oder wenn Du unseren Freizeitplaner benutzt, in die dafür vorgesehenen Spalten.
Stoppe jetzt die Zeit, die Du wirklich gebraucht hast. Schreibe die tatsächliche Zahl hinter die geschätzten Zahlen.
Mache dies eine Woche lang und vergleiche dann, ob Du die Zeiten gut schätzen kannst und ob sie mit den Zeiten übereinstimmen, die die Lehrer euch gesagt haben.
Auf der nächsten Seite findest Du ein Beispiel für ein solches „Zeit-Protokoll“.

BEISPIEL: ZEIT-PROTOKOLL

Fach/Aufgabe	**vom Lehrer vorgegeben**	**geschätzte Zeit**	**tatsächliche Zeit**
Englisch:			
Vokabeln Lektion 6, 1 – 20	10 min	**10 min**	*20 min*
Übung 13, Past Tense einsetzen	5 min	**10 min**	*5 min*
Mathe:			
Seite 45, Nr. 1–4, jeweils a – d	15 min	**20 min**	*25 min*
Geschichte:			
Text lesen S. 55 „Karl der Große"	5 min	**5 min**	*10 min*
Deutsch:			
Nacherzählung von Text auf S. 127	15 min	**15 min**	*15 min*
Fragen zum Text (siehe Hausheft)	10 min	**15 min**	*20 min*
Summe:	60 min	**75 min**	*95 min*

Mit dem Lehrer reden

In diesem Beispiel (wieder 6. Klasse in Hessen = 1 Stunde Hausaufgaben) halten sich die Lehrer an die Vorgabe (insgesamt geschätzte Zeit = 1 Stunde), allerdings brauchst Du länger (1 Stunde und 35 Minuten).

Wenn außer Dir auch noch einige andere in der Klasse regelmäßig länger brauchen, als es die Lehrer schätzen, solltet ihr wieder gemeinsam mit den Lehrern darüber sprechen. Vor allem die Lehrer, die regelmäßig zu viele Aufgaben aufgeben, solltet ihr bitten, weniger aufzugeben.

FÜR ABWECHSLUNG SORGEN

Während der Hausaufgaben kannst Du für viel Abwechslung und damit für neue Motivation sorgen.

Lasse Deine Aufgaben nach folgenden Überlegungen abwechseln

- Schreibtischarbeit (Matheaufgaben) / Sofaarbeit (Lesen) / Lernen im Stehen (auswendig lernen)
- Schreibarbeit / etwas malen / etwas rechnen / lesen / auswendig lernen
- Was macht Spaß / Was ist langweilig
- Was ist schwer / Was ist leicht
- Was dauert lang / Was dauert kurz
- Wo komme ich morgen dran / wo nicht
- Was wird kontrolliert / was nicht

PAUSEN MACHEN

Kurz entspannen - neue Energie gewinnen

Zwischen den einzelnen Hausaufgaben solltest Du immer kleine Pausen machen. In diesen Pausen solltest Du den Stift oder das Buch oder was Du gerade benutzt, beiseite legen und folgendes tun:

- Dich strecken, räkeln oder Muskeln anspannen (Durchblutung, Bewegung, Ablenkung)
- Kurzentspannung mit Phantasiereise/Selbstlob (Lösen von Spannung, Ablenkung)
- etwas trinken, Obst essen (Energiezufuhr, Wasser für Energiefluß, Körperbefriedigung)
- gedankenverloren etwas auf Schmierpapier kritzeln (Ablenkung, Erholung)

In dieser Zeit kann sich die verbrauchte Energie erneuern und die Konzentration wieder hergestellt werden.

Pausenzeiten

Je länger Du Hausaufgaben machst, um so länger sollten auch die Pausen werden:
1. Pause: nach 20 Minuten Arbeit ca. 5 Minuten.
2. Pause: nach 45 Minuten Arbeit ca. 10 Minuten.
3. Pause: nach 1 Stunde Arbeit ca. 15 Minuten.
4. Pause: nach 1 Stunde und 30 Minuten Arbeit ca. 30 Minuten.

Bei Arbeitsaufgaben: Viele kleine Pausen machen

Arbeitsaufgaben (20 Rechenaufgaben, pattern drills, Einfüll-Übungen) belasten die Konzentration besonders. Hier alle 5 Minuten Pause machen, und zwar 1 Minute lang. Siehe auch Seite 49.

Kapitel 3: Grundtugenden des Lernens und Übens

1. ORDNUNG – SCHNELLER FINDEN, BESSER LERNEN

2. WENIG LERNEN UND ÜBEN – MEHR BEHALTEN

3. JE MEHR SINNE – DESTO BESSER DAS LERNEN

4. ÖFTER MAL 'NE PAUSE MACHEN

5. ÄHNLICHKEITSHEMMUNG SORGT FÜR VERWIRRUNG

1. Ordnung – Schneller finden, besser lernen

LERNEXPERIMENT I

Hier ein kleines Experiment, bei dem Du unmittelbar siehst, daß jemand mit „Überblick“ schneller etwas finden kann.

In welchem der zwei Bilder kannst Du die Aufgaben schneller lösen?
Decke jeweils das Bild, auf das Du gerade nicht guckst, ab. Stoppe die Zeit für jede Aufgabe und jedes Bild. Fertig? Na, dann los:

1. Zeige in jedem Bild die Nummern 1, 7 und 10.

2. Welche Ziffer fehlt jeweils in den Bildern?

3. Zeige die Ziffern der Reihenfolge nach!

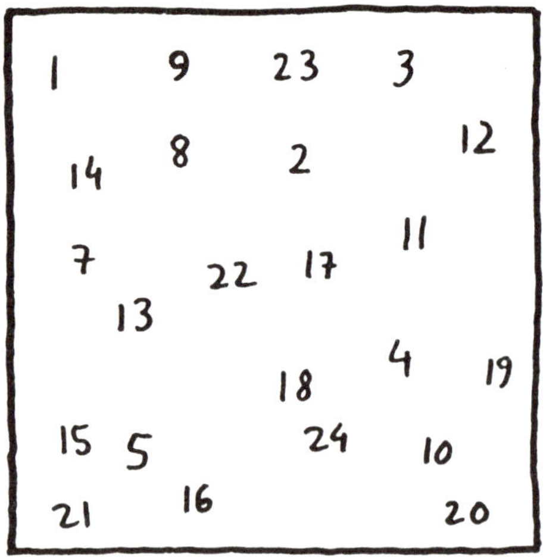

Auswertung:

Sicherlich konntest Du die Aufgaben im Bild 2 schneller lösen, weil die Ziffern hier geordnet waren. Mit Ordnung findest Du Dich nicht nur schneller zurecht. Du lernst auch schneller, wenn der Lernstoff übersichtlich ist.

2. *Wenig lernen und üben – mehr behalten!*

LERNEXPERIMENT 2

Unten findest Du drei Zahlenreihen.
Nimm Dir nur die erste Reihe vor.
Lies Dir die Zahlen langsam, in gleichbleibendem Abstand und laut vor. **Lies sie nur einmal!**
Jetzt klappe die Lernhilfe zu und schreibe die gelesenen Zahlen **in der Reihenfolge auf.**

TIPP

Laß Dir die Zahlen von jemand langsam vorlesen!

Dann mache das Gleiche mit der zweiten Zahlenreihe. Danach mit der dritten. Hier sind die Zahlenreihen:

6 Zahlen:	**3**	**7**	**1**	**9**	**4**	**6**						
9 Zahlen:	**4**	**9**	**1**	**12**	**7**	**3**	**8**	**5**	**11**			
12 Zahlen:	**8**	**13**	**5**	**2**	**9**	**1**	**7**	**11**	**3**	**6**	**10**	**4**

AUSWERTUNG DES EXPERIMENTS

Wenn Du alles genau befolgt hast, wird Dein Ergebnis ungefähr so aussehen: Die erste Zahlenreihe konntest Du wiederholen, vielleicht hast Du einmal geirrt. Bei der zweiten Zahlenreihe hast Du nicht alle neun Zahlen gewußt, sondern höchstens sieben. Wahrscheinlich aber entschieden weniger.
Bei der dritten Zahlenreihe hast Du bestimmt weniger als sieben Zahlen gewußt, wahrscheinlich mittendrin frustriert aufgehört.

Dies gilt für alles, was Du lernen willst. Du kannst Dir höchstens sieben Informationen auf einmal merken! Lernst Du mehr, vergißt Du alles!

3. Je mehr Sinne – desto besser das Lernen

Hier kannst Du sehen, wie der Gebrauch unterschiedlicher Sinne das Lernen beeinflußt. Und das der Gebrauch mehrerer Sinne das Lernen verbessert. Es wird behalten beim

LESEN : 10 %

HÖREN: 20 %

SEHEN: 30 %

HÖREN UND SEHEN: 50 %

MIT EIGENEN WORTEN WIEDERGEBEN: 70 %

SELBER AUSPROBIEREN: 90 %

4. *Öfter mal 'ne Pause machen*

AUTOMATISCHE PAUSEN BEIM LERNEN

Ab und zu erwischst Du Dich dabei, wie Du **beim Lernen** neuer Sachen kurz abgelenkt bist – Du schaust aus dem Fenster, denkst an den gestrigen Abend zurück: Dies sind sogenannte unbewußte Pausen. Sie sind beim Lernen ganz normal. Dein Gehirn schaltet diese Pausen ganz automatisch an: Wenn Du lernst, stoppt Dein Gehirn sozusagen die Aufnahme weiterer Informationen, um den Stoff in Ruhe für sich nacharbeiten zu können. Während also Deine Augen draußen einen Vogel ganz traumversunken betrachten, rattert es in Deinem Kopf weiter. Diese Pausen solltest Du unbedingt zulassen, denn sie fördern den Lern- und Arbeitserfolg. Sie schützen Dich vor dem „Durchbrennen".

ARBEITSAUFGABEN: DAS HIRN MACHT SCHLAPP

Etwas anderes ist es, wenn Du einfach Rechenaufgaben rechnest oder Grammatikübungen machst, bei denen Du immer dasselbe tun mußt (z.B. eine bestimmte Zeit bilden). Hier schaltet das Gehirn nicht auf „Pause", und die Folge ist, daß Deine Konzentration schnell absinkt und Du „Flüchtigkeitsfehler" machst.

Ein Experiment, das Du wiederholen kannst

Im Experiment hat man Schülern 30 Minuten Zeit gegeben, so viele Rechenaufgaben wie möglich zu lösen. An drei Tagen rechneten sie, allerdings mit jeweils unterschiedlichen Pausenregelungen.

- Am ersten Tag haben sie keine Pause gemacht.
- Am zweiten Tag haben sie nach 15 Minuten eine 5-Minuten-Pause gemacht.
- Am dritten Tag haben sie nach jeweils 5 Minuten eine Minute Pause gemacht.

KURZE SCHRITTE – VIELE PAUSEN

Als die Schüler alle 5 Minuten eine kurze Pause von einer Minute machten, haben sie die meisten Aufgaben gerechnet und dabei am wenigsten Fehler gemacht!

Das liegt daran, daß bei solchen reinen Arbeitsaufgaben die Konzentration sehr schnell nachläßt. Wenn Du keine bewußte Pause machst, verlangsamt sich das Arbeitstempo automatisch. Diese Verlangsamung kostet mehr Zeit als das Einlegen von bewußten, zeitlich fest auf eine Minute begrenzten Pausen. Nach so einer Pause arbeitest Du nämlich mit der ursprünglichen, hohen Arbeitsgeschwindigkeit weiter.

Die Fehlerquote beim ununterbrochenen Rechnen ist deshalb so hoch, weil sich die Konzentration trotz des verlangsamten Arbeitstempos nicht wirklich erholen kann. Sie sinkt immer weiter ab, bis sich „Flüchtigkeitsfehler" einschleichen.

5. Die Ähnlichkeitshemmung sorgt für Verwirrung

Lerne folgenden Text innerhalb von 10 Minuten auswendig. Du mußt den genauen Weg der Kinder mit Straßennamen und Richtungsangabe wiedergeben können.

Peter, Paul und Mary suchen ihren Hund Pfiffi.
Sie einigen sich, in verschiedenen Richtungen zu suchen und sich wieder am Marktplatz zu treffen. Peter geht nach links in die Schubertstraße, dann geht er an der zweiten Straße links gegenüber in die Schumanngasse. Von dort biegt er rechts in die Schustergasse ein. An der ersten Kreuzung geht er links in die Neugasse, dort gleich wieder links in den Neuenweg. Der Neuenweg macht zweimal eine Biegung nach rechts, bis er wieder auf die Neugasse trifft. Dort stößt er auf Mary.
Mary erzählt: Ich bin zuerst geradeaus gegangen, in den Heuweg. An der dritten Straße bin ich rechts in die Mozartstraße eingebogen, dann gleich wieder links in den Beethovenweg, dort nach zwei Straßen links in die Haydnstraße. Von dort bin ich die zweite rechts in den Bogenweg gelaufen, und von dort bin ich auf die Neugasse gekommen.
Inzwischen ist Paul gekommen – er hat Pfiffi gefunden. Wo, und welche Straßen er gelaufen ist, erzählen wir besser später...

Auswertung

Du wirst Dich beim Erzählen mindestens einmal geirrt haben. Wahrscheinlich aber öfter. Und Du wirst beim Erzählen ständig Zweifel gehabt haben, ob Du richtig bist.

DIE ÄHNLICHKEITSHEMMUNG

Das liegt an der Ähnlichkeitshemmung: Kommen in kurzer Zeit oder zeitgleich zwei ähnliche Informationen ins Gehirn, kann das Gehirn sie nicht trennen und verwechselt dann die Informationen. Es ist pures Glück, wenn man die Informationen richtig wiedergibt.
Ähnlichkeitshemmungen kommen vor beim Lernen von Vokabeln, bei Rechtschreibkorrekturen (weil man das Falsche und das Richtige gleichzeitig sieht), bei Geschichtszahlen, bei Telefonnummern, bei Erzählungen, welche Leute was wann gemacht haben, usw.

GEGEN ÄHNLICHKEITSHEMMUNG SCHÜTZEN

Gegen die Ähnlichkeitshemmung kannst Du Dich schützen,

- indem Du das Lernen von zwei sehr ähnlichen Sachen zeitlich auseinanderziehst („iurare“ am Montag lernen, „iuvare“ am Dienstag; erst Englisch machen, dann Mathe, Geschichte oder so und erst dann Französisch);

- indem Du ähnliche Sachen unähnlich machst; beim Vokabellernen eine Körperbewegung machen, die die Bedeutung des Wortes unterstreicht (iurare = schwören = Schwurhand heben; iuvare = helfen = Hände hilfreich ausstrecken).

Kapitel 4: Anwendung der Lerntugenden

1. Vokabeln lernen

WIEVIEL VOKABELN AUF EINMAL?

- Lerne höchstens sieben Vokabeln auf einmal.
- Wer jeden Tag pro Fremdsprachenfach sieben Vokabeln lernt – nur von montags bis freitags und nur während der Schulzeit –, lernt 1300 Vokabeln pro Jahr. Das sind 100 mehr, als überhaupt im Schuljahr verlangt werden. Regelmäßigkeit des Lernens erhöht den Erfolg und spart Zeit.

BIS MORGEN 30 VOKABELN LERNEN?

Wenn Du mehr als sieben Vokabeln an einem Tag lernen mußt, hast Du verschiedene Möglichkeiten. Du mußt z.B. von heute auf morgen 30 Vokabeln lernen:

1. Verteiltes Lernen

- Teile die 30 Vokabeln in 5 Blöcke zu je 6 Vokabeln auf.
- Lerne die ersten sechs Vokabeln. Mache anschließend mindestens eine halbe Stunde etwas ganz anderes, z.B. einen Aufsatz schreiben, Rechenaufgaben, etwas lesen, Pause, Hund Gassi führen... .
- Lerne anschließend den nächsten Sechser-Block. Mache wieder Pause usw.

2. Lernen durch Rollenspiel

- Nimm den Text, in welchem die Vokabeln stehen.
- Spiele den Text als Rollenspiel durch. Mache alles, was die Personen tun. Sprich laut und deutlich. Stelle Dir das Geschehen vor Deinem geistigen Auge wie einen Film vor.
- Erzähle Dir anschließend die Geschichte noch einmal selbst. Auf diese Weise hast Du ca. 80% der Vokabeln durchs Spiel gelernt.

WIE BEHALTE ICH VOKABELN AM BESTEN?

- Lerne Vokabeln möglichst so, daß sie in einem sinnvollen Satz eingebettet sind
- Lerne Vokabeln mehrkanalig: Stelle sie Dir als Gegenstand oder Handlung vor; berühre einen entsprechenden Gegenstand (cup; desk); empfinde die Bedeutung (hate; love); bewege Dich entsprechend (to go; to run)
- Nimm Dir für jede Vokabel mindestens eine Minute Zeit!

WIE OFT MUSS ICH WIEDERHOLEN?

- Wiederhole rechtzeitig und spare dadurch Zeit. Denn Wiederholen kostet weniger Zeit als neu lernen!

- *Wiederhole am gleichen Tag abends!*
- *Wiederhole nach 1 Tag!*
- *Wiederhole nach 1 Woche!*
- *Wiederhole nach 1 Monat!*
- *Wiederhole nach 6 Monaten!*

- Finde durch Experimentieren heraus, ob diese Zeitabstände zu Deinem Behaltensrhythmus passen. Vielleicht mußt Du bereits nach drei Tagen erneut wiederholen, vielleicht kannst Du Dir aber auch die Wiederholung nach einem Tag sparen...?

- **Benutze eine Vokabelkartei zum Wiederholen der Vokabeln.**
  Diese Kartei ist in 5 Fächer aufgeteilt, entsprechend den günstigsten Wiederholungszeiten:
  Fach 1: Wiederholung heute abend
  Fach 2: Wiederholung morgen
  Fach 3: Wiederholung am Montag (nach 3 Tagen bis 1 Woche)
  Fach 4: Wiederholung jeden Monatsanfang
  Fach 5: Wiederholung nach einem halben Jahr

DIE ARBEIT MIT DEM KARTEIKASTEN

Die einfachste Form, die Karteikarten zu beschriften, ist es, auf der Vorderseite das fremdsprachliche Wort, auf der Rückseite die deutsche Bedeutung aufzuschreiben.

Der Trick bei der Kartei ist nun, daß gewußte Karten immer ein Fach weiter nach hinten wandern. Nichtgewußte kommen aber immer wieder – egal, aus welchem Fach – in das erste Fach zum Neulernen zurück. Die regelmäßige Wiederholung schützt Dich allerdings davor, daß Du Vokabeln vergißt. Vielmehr wirst Du immer (fast) alle können.

Eine ausführliche Beschreibung der Vokabelkartei findest Du in unserem Buch „Vokabeln lernen – 100% behalten". Dort findest Du auch eine Menge Tips, wie Du Spiele mit Karteikarten machen kannst.

2. Grammatik-Begriffe beherrschen

Wenn Du Dich an Grammatik heranmachst, mußt Du unbedingt wissen, was die grammatischen Fachbegriffe bedeuten. Denn Du kannst ja schlecht über etwas Hausaufgaben machen, was Du nicht weißt.
Unterschätze diesen Punkt bitte nicht! Ohne die Kenntnis der Fachbegriffe wirst Du ziemlich häufig orientierungslos durch den Sprachunterricht stolpern. Prüfe Dich selbst immer wieder:

- *Kannst Du Satzteile bestimmen?*
- *Kannst Du alle Kasus von Hauptwörtern bilden?*
- *Kennst Du alle Infinitive und ihre Funktionen?*
- *Kannst Du im Deutschen von jedem Verb alle Zeiten bilden, sowohl in der Wirklichkeitsform wie in der Möglichkeitsform? Sowohl im Aktiv wie im Passiv?*

Frage einmal Deinen Lehrer, welche Begriffe Du können mußt! Spätestens in der Mitte der siebten Klasse mußt Du alle Grammatikbegriffe parat haben! Vielleicht hilft Dir diese Liste. Frage Deinen Lehrer, welche Begriffe Du können mußt:

Satzteile: Subjekt, Prädikat, Objekt, adverbiale Bestimmung, Attribut; Deklinationen: Kasus: Nominativ, Genitiv, Dativ, Akkusativ; Numerus: Singular, Plural; Genus: maskulin, feminin, neutrum.
Wortarten: Nomen, Substantiv, Adjektiv, Konjunktion, Verb, Partikel, Adverb, Pronomen, Präposition, Artikel.
Konjugationen: Person, Numerus, Tempus, Modus (Indikativ, Konjunktiv, Imperativ), Genus Verbi (Aktiv, Passiv); **Zeiten:** Präsens, Imperfekt (Präteritum), Perfekt, Plusquamperfekt, Futur I, Futur II

- *Erläutere, wie die Fachbegriffe wörtlich übersetzt heißen, von welchen Wörtern sie herkommen (z.B. Adjektiv von lateinisch „adicere – heranwerfen"; ein Adjektiv schmeißt sich also an ein Substantiv heran!).*
- *Lege Dir für die Konjugationen eine Tabelle an, die Du nach und nach auffüllst.*
- *Lerne das Bestimmen von Satzteilen und den Gebrauch der grammatischen Fachbegriffe, indem Du Sätze auseinanderschneidest und wieder zusammenfügst.*

3. Verbformen und Deklinationen

WENIG AUF EINMAL - GLEICHES ZUSAMMEN

Das bedeutet:

Konjugationen: Vom Aktiv nur das Präsens, und davon wiederum nur den Indikativ.

Deklinationen: nur den Singular einer Deklination; später den Plural.

Beispiel für Tagesrationen:

Konjugation	Deklination	
laudo	1. Etappe	2. Etappe
laudas	*rex*	*reges*
laudat	*regis*	*regum*
laudamus	*regi*	*regibus*
laudatis	*regem*	*reges*
laudant	*rege*	*regibus*

Stammformen: die Stammformen von 3 – 5 Verben, die sehr **unterschiedlich** sind, auf einmal lernen.

Die Stammformen von Verben, die gleiche Stammformen haben, gemeinsam lernen.
Ein Beispiel aus dem Lateinischen:
mittere, mitto, misi, missum = schicken.
In gleicher Weise bilden ihre Stammformen die Zusammensetzungen (Composita) von mittere: committere, emittere, amittere, praemittere, submittere, omittere usw.

Achtung, Verwechslungsgefahr:

Vermeide es, Stammformen von ähnlich klingenden Wörtern zeitgleich zu lernen (z.B. parere, parcere, parare). Lerne die Stammformen dieser Verben zu ganz unterschiedlichen Zeiten, stelle die Verben zusätzlich durch Bewegung dar.

MIT LERNPOSTERN LERNEN – GEORDNET LERNEN

Von Konjugationen und Deklinationen kannst Du Lernposter basteln oder malen. Das Prinzip dabei ist, daß Du Gleiches (den Wortstamm z.B.) in einer einheitlichen Farbe machst, Unterschiedliches in unterschiedlichen Farben. Oder Du hebst das, worauf es ankommt, durch eine besondere Farbe hervor. Ansonsten hast Du volle Gestaltungsfreiheit.

NACH DEM LERNEN: KUNTERBUNT WIEDERHOLEN

Wenn Du eine Deklination in der Reihenfolge Nominativ, Genitiv, Dativ, Akkusativ, Ablativ gelernt hast, mußt Du die Formen bunt durcheinandergewürfelt wiederholen, damit im Kopf diese Reihenfolge (die das Lernen einfacher macht) wieder aufgehoben wird und Du frei über die einzelnen Formen verfügen kannst.

DAS GELERNTE ANWENDEN: SÄTZE BILDEN

Bilde mit den einzelnen Formen sinnvolle Sätze, damit Du den Gebrauch einübst und die Formen später in Texten leichter wiedererkennen kannst. So verbindet sich die Grammatik mit der Sprache! Du bildest am besten Sätze, die Deinen Alltag beschreiben.

4. Das Auswendiglernen von Regeln

BEGREIFEN IST MEHR ALS AUSWENDIGLERNEN

Unser Gehirn ist in der einzigartigen Lage, Dinge aufzunehmen und auswendig zu lernen, ohne sie zu kapieren. So bist Du in der Lage, einen lateinischen Text fließend zu lesen, ohne dabei auch nur ein Wort zu verstehen. Genauso bist Du in der Lage, eine Regel auswendig zu lernen, ohne zu begreifen, worum es eigentlich geht und wie sie angewendet wird.
Das aber ist ja nicht der Sinn der Sache.
Wenn Du Grammatikregeln lernst, ist es sinnlos, sie bloß zu lesen oder wortgetreu auswendig zu können. Eine Regel auswendig können heißt, sie mit eigenen Worten und Beispielen darstellen können.

Ein Beispiel:

§40 'Going to' **Unit 7 Step A**

Um auszudrücken, daß etwas geplant oder beabsichtigt ist, wird *going to* verwendet. Man erwartet, daß der Plan oder die Absicht in der Zukunft verwirklicht wird.

Aunt Julie **is going to move** to Brooklyn next month.	Tante Julie wird nächsten Monat nach Brooklyn ziehen.
The Wilsons **are going to visit** her.	Wilsons haben vor, sie zu besuchen.
Mr Wilson **is not going to fly** with them.	Herr Wilson wird nicht mit ihnen fliegen.
Are the neighbours **going to look after** Bonzo?	Passen die Nachbarn auf Bonzo auf?
No, they **aren't**. Mr Wilson is going to do that.	Nein, Herr Wilson wird das tun.
Are you going to send postcards to all your friends?	Hast du vor, allen deinen Freunden Postkarten zu schicken?
Yes, I am. But I **'m not going to write** many letters.	Ja. Aber ich habe nicht vor, viele Briefe zu schreiben.

- Auf *am/are/is* + *going to* folgt ein Infinitiv.

⚠ *Going to* darf man nicht mit der Verlaufsform der Gegenwart verwechseln:
Verlaufsform der Gegenwart: "I'm going home." „Ich gehe (gerade) nach Hause."
Going to: "I'm *going to* go home." „Ich habe vor, nach Hause zu gehen."

Aus: „Learning English – Green Line 1", Seite 163, Ausgabe Bayern, Stuttgart 1992

SO LERNST DU GRAMMATISCHE REGELN

Im Grammatikteil Deines Schulbuchs sind die verschiedenen Grammatikregeln übersichtlich geordnet. Wenn Du eine Regel lernen willst, gehe wie folgt vor:

1. Die Regel überfliegen: Wie ist sie aufgebaut?

Normalerweise enthält eine Regel:

a) Die Überschrift („going to“)

b) Einen Text zur Erläuterung, wie die Regel gebraucht wird

c) Beispielsätze

d) Eine Erläuterung der grammatischen Konstruktion

e) Weitere Hinweise auf Ausnahmen, Verwechslungsgefahren usw.

2. Die Regel mit eigenen Worten erläutern

Nachdem Du Dir einen Überblick verschafft hast, liest Du Dir jetzt den Text durch, der die Regel erläutert (hier Abschnitt B).

Versuche, den Text durch eine Skizze wiederzugeben.

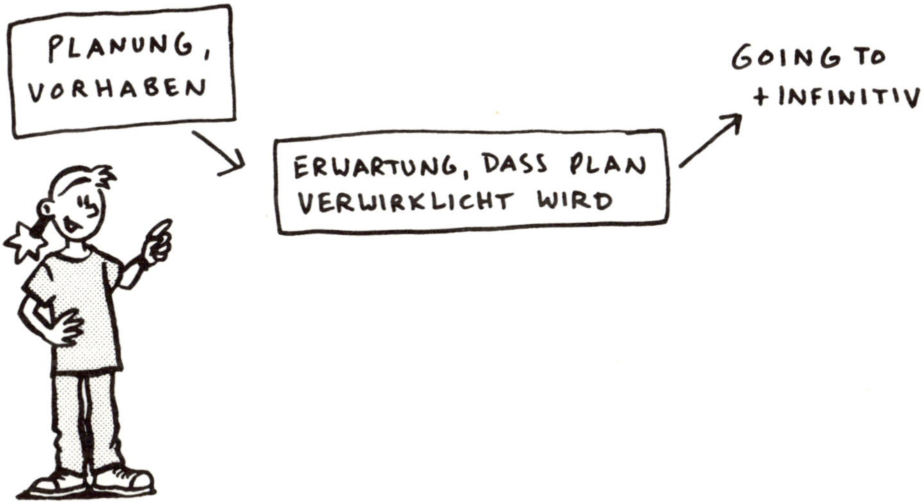

3. Vergleiche Deine Erläuterung mit den Beispielsätzen in der Regel

Lies die Beispielsätze laut vor, betone dabei das, worauf es ankommt, sowohl in der Fremdsprache als auch in der deutschen Wiedergabe: *Aunt Julie* ***is going to*** *move to Brooklyn next month. Tante Julie* ***wird (hat ganz bestimmt vor,)*** *nächsten Monat nach Brooklyn* **(zu)** ziehen.

4. Schaue Dir die Erläuterung der grammatischen Konstruktion an (Abschnitt D) und vergleiche jetzt die Konstruktion mit den Beispielsätzen

„Auf *am/are/is + going to* folgt ein Infinitiv...hmm, ach ja: am/are/is...das sind ja die Präsensformen von to be: I am; you are; he,she,it is; we are; you are; they are. Gut, also die Präsensform von to be, die ist natürlich bei jedem Satz unterschiedlich, je nachdem, welche Person gerade handelt. So, dann ist in allen Beispielsätzen das „going to" gleich, das steht also unumstößlich fest. Mal sehen, es ging ja darum, eine Erwartung auszudrücken. Dann drückt „going to" diese Erwartung aus. Ich übersetze mir das selbst jetzt mal mit „vorhaben", Also: **I am going to = Ich habe vor.** So, weiter: **Was** ich vorhabe, das steht dann im Infinitiv, also wenn ich vorhabe umzuziehen, setze ich einfach „move" dazu... Jetzt hab' ich's kapiert!

5. Erfinde eigene Beispielsätze aus Deinem Alltagsleben

Lasse diese Sätze von einem Freund, Deinen Eltern oder sonstwem kontrollieren, wenn Du Dir unsicher bist.

6. Spiele selbst Lehrer: Erläutere die Regel!

Wenn Du eine Regel kapiert zu haben glaubst, dann schreibe einen Beispielsatz auf ein großes Papier. Hänge das Papier auf und erläutere nun auswendig, sozusagen in einem Vortrag, die Regel.

Das kannst Du allein in Deinem Zimmer tun oder vor Deinen Eltern. Dann hast Du gleich eine Rückmeldung, ob Du verständlich erklärt und damit den Stoff verstanden hast. So kannst Du zuhause schon mal eine „Tafelsituation" vorwegnehmen.

7. Immer nur eine Regel zur Zeit

Damit die Ähnlichkeitshemmung ausgeschaltet wird, lerne immer nur eine Regel zur Zeit:

- Mehrere Regeln über den Tag verteilen.
- Ausnahmeregeln oder Besonderheiten (Abschnitt E) später am Tag lernen.
- Regeln, die aus mehreren Teilen bestehen, getrennt nach diesen Teilen lernen.

5. *Übersetzungsübungen*

Übersetzungsübungen vom Deutschen in die Fremdsprache mögen viele Schüler nicht besonders gern. Klar, bei Übersetzungen wird immer das gesamte bisherige Wissen über die Fremdsprache gefordert. Das ist anstrengend.
Ätzend werden Übersetzungsübungen dann, wenn man versucht, sich wörtlich an die deutsche Vorlage zu halten (oder wenn der Lehrer dies gar verlangt).

DEN SINN ERFASSEN – DEM SINN NACH ÜBERSETZEN

Mein Tip: Versuche den Sinn, der in den deutschen Sätzen steckt, zu erfassen. Bilde dann in der Fremdsprache einen Satz, der den Inhalt des deutschen Satzes **bloß sinngemäß** rüberbringt.
Wenn Du in der Situation bist, etwas wortgetreu übersetzen zu sollen, und Du merkst, daß das nicht klappt, dann versuche wenigstens, es sinngemäß hinzukriegen. Das mag Deinem Lehrer nicht gefallen, aber Dir persönlich bringt das einen Fortschritt beim Erlernen der Fremdsprache.

6. Arbeits- und Übungsaufgaben

Hier findest Du Beispiele solcher Übungen:

4 Schreibe zunächst als Summe, berechne dann:
a) $(+34)-(-25)$ b) $(-48)-(-52)$ c) $(-76)-(+31)$ d) $(+128)-(-21)$
e) $(-109)-(+65)$ f) $(+75)-(-39)$ g) $(-43)-(-106)$ h) $(+89)-(-69)$
i) $204-(+56)$ k) $312-(-208)$ l) $(-471)-(+150)$ m) $(-213)-(321)$
n) $(-189)-(+311)$ o) $256-(+256)$ p) $(-256)-(-256)$ q) $512-(+608)$.

5 a) $(+3478)-(+4652)$ b) $(+9473)-(-6491)$ c) $(-857)-(-8463)$
d) $(-8509)-(+12075)$ e) $14836-(+30965)$ f) $(-93754)-(-37644)$

6 a) $(-17{,}3)-(+9{,}1)$ b) $(-15{,}7)-(-29{,}9)$ c) $59{,}4-(-9{,}6)$ d) $19{,}7-(-46{,}3)$
e) $82{,}7-(+161{,}5)$ f) $15{,}25-(-25{,}25)$ g) $(-16{,}6)-(-9)$ h) $71{,}41-(+74{,}11)$
i) $85{,}2-165{,}8$ k) $38{,}3-(+61{,}7)$ l) $75-(-115{,}4)$ m) $(-67{,}4)-(-67{,}4)$

7 a) $\frac{1}{2}-(-\frac{1}{3})$ b) $(-2\frac{1}{2})-(-1\frac{1}{4})$ c) $7\frac{5}{6}-(+8\frac{1}{6})$ d) $(-\frac{3}{4})-(-\frac{5}{6})$
e) $12\frac{3}{5}-(-18\frac{4}{5})$ f) $26-(+26\frac{2}{9})$ g) $(-\frac{2}{3})-(+1\frac{3}{4})$ h) $\frac{3}{8}-(+\frac{5}{6})$
i) $2\frac{1}{2}-3\frac{1}{4}$ k) $\frac{7}{8}-(-\frac{9}{5})$ l) $(-\frac{7}{10})-\frac{3}{4}$ m) $(-2\frac{1}{3})-(-3\frac{1}{2})$

8 Subtrahiere die erste Zahl von der zweiten.
a) $-361;\ -63$ b) $127;\ -21$ c) $36{,}1;\ -44{,}9$ d) $-241{,}6;\ 0$
e) $-0{,}4;\ \frac{1}{2}$ f) $3{,}25;\ -$ … $-3\frac{1}{\ };\ -0{,}8$ h) $0{,}052;\ -2\frac{1}{3}$

9 a) $(+27)+(-63)$ b) (-72) … … $0{,}92)-(+0{,}05)$
e) $(-895)-(+437)$ f) $3\frac{4}{5}-($ …
i) $(-365472)+(-165438)$

10 a) $5{,}4+(-3{,}8)$ b) $4\frac{1}{2}-($ …
e) $63-84$ f) $75{,}1$ …
i) $(-3\frac{4}{5})+(-\frac{1}{3})$ k) $(-\frac{7}{2}$ …

2 What happened on the first day in New York

Example: Aunt Julie, Mrs Wilson, Mandy and Peter visited Manhattan. (to visit)

1. Aunt Julie … them some of the sights. (to show)
2. They … from Central Park to Battery Park. (to walk)
3. Mrs Wilson … to see the shops on Fifth Avenue. (to want)
4. They … for lunch in Greenwich Village. (to stop)
5. Mrs Wilson … the nice old houses there. (to like)
6. They … in front of the World Trade Center in the afternoon. (to arrive)
7. Suddenly it … to rain – but only for a short time. (to start)
8. From Battery Park they … over to Liberty Island. (to cross)
9. The view from the Statue of Liberty … fantastic. (to be)
10. But first they … for a long time outside because there … a lot of people there. (to wait/to b
11. Peter and Mandy … a good time on their first day in New York. (to have)

Ü 3 Ergänze jeweils eine richtige Form des neuen Demonstrativpronomens (vgl. das Muster!):

a) ob eam causam
b) post … regem
c) cum … sociis
d) propter … bellum
e) sine … labore
f) ex … pernicie
g) sub … arbore
h) pro … infantibus
i) ante … tempora
k) per … planitiem

Wiederhole die Aufgabe, indem du das Pronomen ille, illa, illu…

2 Now ask the questions

Start like this.

1. When did the postcards arrive? – They arrived today.
2. When … Mr Wilson … New York? – He called New York at 5 o'clock in the afternoon.
3. When … the Hendersons … to New York? – They moved there a few weeks ago.
4. Where … the Wilsons … on Friday? – They went to the zoo.
5. When … Bonzo … his lunch? – He had it at 12 o'clock.
6. Where … the others when Mr Wilson called? – They were out shopping.
7. Who else … in the flat with Mandy? – Garfield was there, too.
8. Who … the phone? – Mandy answered it.
9. Who … New York? – Mr Wilson did.
10. What … ? – Peter and Marsha got lost there.

ARBEITSAUFGABEN – DAS DENKEN SCHALTET AB

Wenn eine Übung so stupide daherkommt, dann schaltet unser Gehirn einfach das Denken ab und einen Automaten an. Vor allem, wenn die Aufgaben ziemlich langweilig sind, schreibst Du einfach routinemäßig die verlangte Form hin, ohne über sie nachzudenken. Weder kannst Du Dich nach zehn Minuten an die Sätze erinnern, noch hast Du einen Lernerfolg.

Kein Lernfortschritt

Denn bei allen Arbeitsaufgaben hast Du grundsätzlich drei Möglichkeiten, sie zu erledigen:

1. Entweder Du weißt, wie die Sache funktioniert, dann hast Du keine Probleme, die Aufgaben zu lösen.
2. Oder Du weißt es nicht, dann hast Du bei jedem Satz Probleme.
3. Oder Du bist Dir unsicher, dann bist Du es auch vom ersten bis zum letzten Satz.

In keinem der drei Fälle hast Du aber einen Lernfortschritt erzielt. Du weißt genausoviel oder wenig wie am Anfang.

Deshalb reicht es bei solchen Muster- und Fill In-Übungen und Matherechnungen völlig, wenn Du pro Übung höchstens drei Beispielsätze oder -rechnungen machst. Denn spätestens dann weißt Du, ob Du die Sache kannst, nicht kannst oder nicht weiß, ob Du sie kannst.

Für solche Aufgaben habe ich drei Tips:

TIPP

Wenn's Spaß macht, mache solche Aufgaben!

Wenn Dir solche Aufgaben Spaß machen, dann erledige sie. Spaß ist immer etwas Gutes. Und schaden tun diese Aufgaben auch nicht. Meistens machen solche Aufgaben ja nur dann Spaß, wenn man sie kann.

TIPP

Aufgaben für den Schulbus

Wenn Du keinen Bock auf solche Aufgaben hast, aber auch keinen Zoff mit Deinem Lehrer haben willst, dann erledige die ersten drei Aufgaben zu Hause, um zu gucken, ob Du sie kannst. Schreibe Dir die Lösungen der restlichen Aufgaben im Schulbus oder in der Schule von einem Mitschüler ab. Es kann Dir absolut nicht schaden, wenn Du diese Aufgaben nicht selbst machst. Und wenn beim Lesen dieser Zeilen ein Lehrer oder Eltern empört Luft holen, dann habe ich dafür durchaus Verständnis. Wenn Sie dann nach dem Verrauschen der ersten Empörung Genaueres über die wissenschaftlichen Hintergründe erfahren möchten, dann können Sie mich jederzeit anrufen unter meiner Telefonnummer: 06421/91010 (aus Österreich und der Schweiz 0049-6421/91010).

TIPP

Auch von solchen Aufgaben profitieren

Wenn Du aber selbst aus solchen Aufgaben Profit schlagen möchtest, dann folgender Tipp: Spiele die Mustersätze, in die Du etwas einsetzen sollst, theatralisch nach. Dazu mußt Du nämlich die verschiedensten Hirnbereiche aktivieren und den Sinn der Sätze erfassen. Und dann bleibt auch die grammatische Konstruktion in Deinem Kopf viel besser hängen! Übrigens: Auch hierbei reicht es, zwei oder drei Sätze zu machen!

7. Übungsaufgaben in Mathe

Wenn Du in Mathematik eine große Menge Übungsaufgaben aufbekommst, zum Beispiel sollst Du 20 Aufgaben derselben Art rechnen, dann gilt dafür exakt das, was auf den letzten beiden Seiten steht.

Wenn Du merkst, Du kannst die Aufgaben nicht, ist es besser, sich noch einmal den Lösungsweg erklären zu lassen anstatt verzweifelt noch weitere Aufgaben falsch zu rechnen.

QUALITÄT STATT QUANTITÄT

Für die Hausaufgaben bedeutet dies:
Rechne die erste und die letzte Aufgabe ganz ausführlich und kommentiere Deine Rechenschritte schriftlich am Rande. Das ist deshalb wichtig, weil man nur so rauskriegen kann, ob Du die Regeln der gemachten Rechenoperation wirklich verstanden hast. Gerade, wenn Du Fehler machst, hilft dieser Kommentar, Verständnislücken aufzudecken.

Ein Beispiel für einen solchen Kommentar:

$3x + 15 = 21 \quad /-15$

ICH RECHNE –15, WEIL ES DARUM GEHT, "x" AUSZURECHNEN. ALSO MUSS "x" ALLEINE AUF EINER SEITE STEHEN.
WENN ICH –15 RECHNE, FÄLLT DAS +15 WEG (+15 – 15 = 0); WEIL ES EINE GLEICHUNG IST, MUSS ICH DEN RECHENSCHRITT AUF BEIDEN SEITEN VOM GLEICHHEITSZEICHEN MACHEN, ALSO: 21 – 15 = 6

$3x = 6 \quad /:3$

3x HEISST EIGENTLICH "3 MAL x". DA "x" ALLEINE STEHEN SOLL, MUSS ICH MIT DEM GEGENTEIL VON "MAL" RECHNEN, ALSO "GETEILT DURCH". DAS MUSS ICH WIEDER AUF BEIDEN SEITEN TUN!

$\frac{3x}{3} = \frac{6}{3}$

ICH HAB DAS "GETEILT DURCH" ALS BRUCH GESCHRIEBEN, JETZT KANN ICH KÜRZEN.

$\frac{\cancel{3}x}{\cancel{3}} = \frac{\cancel{6}\,2}{\cancel{3}\,1} \Rightarrow$ ALSO $x = 2$

8. *Auswendig lernen*

Bisweilen mußt Du ganze Texte auswendig lernen, z.B. Gedichte. Gehe dabei folgendermaßen vor:

TEXTE AUSWENDIG LERNEN

1. Lies Dir den ganzen Text durch. Überprüfe dabei, ob Du alles im Text verstehst oder unbekannte Fremdwörter dabei sind.
2. Versuche unbedingt, Dir die gesamte Handlung vor dem geistigen Auge vorzustellen, so als ob Du innerlich einen Film siehst.
3. Wiederhole den Inhalt der Geschichte oder des Textes mit eigenen Worten.
4. Überprüfe anhand des Textes, ob Du ihn richtig wiedergegeben hast: Stimmt der Inhalt? Stimmt die Reihenfolge des Erzählten?
5. Teile jetzt den Text in Absätze ein.
6. Lerne den ersten Absatz auswendig. Lies Dir dazu den Absatz noch einmal durch, damit Du noch mal weißt, worum es geht. Dann nimm Dir den ersten Satz vor.

Viele Sinne benutzen!

Auswendig lernen geht dann am besten, wenn wieder möglichst viele Sinne beteiligt sind:

- Stelle Dich hin, damit Du frei atmen kannst!
- Nutze Deine Stimme, um bestimmte Wörter zu betonen oder lautmalerisch zu unterstreichen (z.B. das Wort „groß“ mit tiefer Stimme und langem „oooo“ sprechen).
- Benutze Deine Hände und Arme (Gestik) und Dein Gesichtsspiel (Mimik), um den Inhalt des Textes mit Deinem Körper zu zeigen (ganz so wie im Alltag, wenn Du z.B. einen guten Freund mit den Worten begrüßt: „Hallo Dieter!“, dabei ein freudestrahlendes Gesicht aufsetzt und die Arme freudig ausbreitest).

Aufgabe:

Versuche, den nachstehenden Text nach dieser Anleitung innerhalb von zehn Minuten auswendig zu lernen.

Mein Freund

Ich habe einen Freund,
der ist so groß wie ein Baum,
mit Schultern so breit wie ein Kleiderschrank.

Der baut begeistert Flugzeugmodelle.
Kleine, mittlere und große.

Des Sonntags nimmt er seine Kinder an die Hand,
klemmt sich die Flugzeugmodelle unter den Arm
und geht hinaus vor die Stadt.
Dort läßt er seine Flugzeugmodelle steigen.

Die kleinen heben leicht vom Boden ab,
machen einen Hüpfer
und setzen wieder auf dem Boden auf.

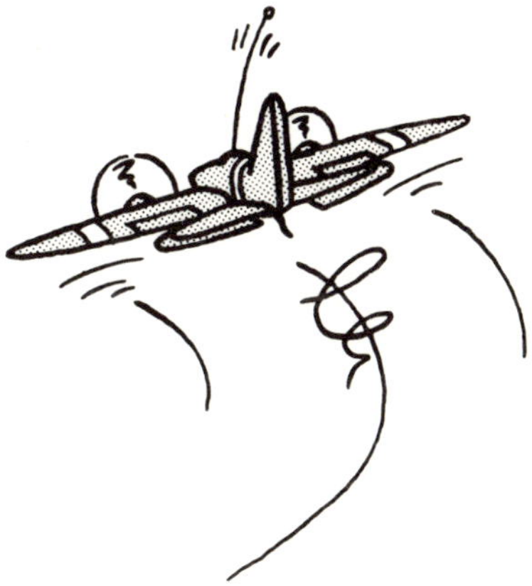

Die mittleren steigen schräg hoch,
wenden ein paar Mal hin und her
und gleiten dann elegant
zur Erde zurück.

Die großen, rasanten
steigen steil in den Himmel,
kreisen dort
und stürzen dann im Sturzflug
auf die Erde hernieder –
wo sie zerschellen.

Das ist bitter. Sehr bitter.

Aber mein Freund macht sich nichts daraus!
Er sammelt die Trümmer wieder auf,
nimmt die Kinder an die Hand
und geht zurück nach Haus.

Dort baut er neue, viel schönere Flugzeuge.

9. Aufsätze schreiben

Aufsätze: Das können Erlebnisaufsätze oder frei erfundene Geschichten sein, das kann aber auch ein Aufsatz zu einem Sachthema sein. Für das Schreiben von Aufsätzen kannst Du folgendes Muster verwenden:

EIN MUSTER FÜR AUFSÄTZE

1. Sammle Ideen für Deinen Aufsatz. Bei einem Sachaufsatz: Beschaffe Dir Informationen zum Thema.
2. Entscheide Dich, über welche Idee Du schreiben willst.
3. Mache zum ausgewählten Thema erneut eine ausführliche Ideensammlung.
4. Überlege, worauf Dein Aufsatz hinauslaufen soll: auf welche Pointe, auf welchen Spannungshöhepunkt, auf welche Botschaft oder These.
5. Sortiere jetzt aus Deiner Ideensammlung die Ideen aus, die Du für Deinen Aufsatz benötigst.
6. Ordne die ausgewählten Ideen danach, was in die Einleitung, den Höhepunkt und den Schluß gehört.
7. Schreibe Deinen Aufsatz. Schreibe zunächst in Dein Schmierheft und mit breitem Rand (ca. ein Drittel der Seite als Rand), damit Du Verbesserungen machen kannst. Grundsätzlich kannst Du bei Aufsätzen so vorgehen:

Einleitung: Hierhin gehören die Vorstellung der Personen, der Zeit und der Orte, an denen die Geschichte spielt. Bei einem Sachaufsatz kannst Du hier Dein Thema erläutern, worum es geht und welche unterschiedlichen Meinungen es eventuell gibt.

Höhepunkt: Hier fließen die Handlungen aller Personen zusammen und nähern sich dem Höhepunkt. In einem Sachaufsatz bringst Du in diesem Teil Deine Argumente.

Schluß: Hier spitzt sich der Aufsatz auf die Pointe, die Botschaft, den Spannungshöhepunkt, die These zu. Der Schluß ist im Verhältnis zum Hauptteil sehr kurz.

8. Überprüfe, ob Dein Aufsatz das wiedergibt, was Du willst (inhaltliche Überprüfung) und ob die Reihenfolge der Handlung / der Argumente stimmt.
9. Sprachliche Überprüfung: Jetzt kommt der Feinschliff! Überprüfe, ob Du eine lebendige Sprache hast. Das bedeutet:
   - Benutzt Du **aussagestarke** Wörter (statt des blassen „er sagte" zum Beispiel „er beharrte darauf", „er schrie grimmig", „sie säuselte", „sie betonte")?
   - **Wiederholst Du oft das gleiche Wort?** Wenn ja, ersetze es durch Wörter mit ähnlicher Bedeutung!
   - **Schreibst Du anschaulich?** Das heißt, schilderst Du Erlebnisse mit allen Sinnen, so daß der Leser sich wirklich ein Bild machen kann? Statt „Ich hatte Angst, in die Burgruine zu gehen" schilderst Du, **warum** die Ruine Dir Angst macht und **wie** Du die Angst fühlst: „Düster und bedrohlich erhob sich die Ruine in den Nachthimmel, und aus dem Burginneren stiegen im fahlen Mondlicht weißliche Nebelschwaden empor, die sich wie Geister um den Turm wanden. Mein Herz begann, laut gegen die Brust zu pochen, und ein Kribbeln lief mir über den Rücken. Es half nichts: Ich mußte in die Burg! Mit weichen Knien setzte ich den Aufstieg fort. Je näher ich der Ruine kam, um so dumpfer wehte mir der modrige Geruch entgegen. Ich faßte allen Mut zusammen, als ein entsetzlicher Schrei die Mondstille zerriß – Mist, das Heavy Metal-Open Air-Konzert hatte bereits begonnen!

10. Überprüfe jetzt Deine Rechtschreibung.

11. Schreibe Deinen Aufsatz ins Reine, entweder handschriftlich, mit Schreibmaschine oder Computer.

IDEENSAMMLUNG FÜR AUFSÄTZE

Bei Aufsätzen kommt es vor allem auf die Ideensammlung an. Diese Phase nimmt am meisten Zeit in Anspruch. Für die Ideensammlung bieten sich zwei Methoden an.

1. BRAINSTORMING

„Brainstorming" heißt wörtlich übersetzt etwa „Gedankensturm". Dabei schreibst Du alle Gedanken, die Dir kommen, völlig wertungsfrei auf. Denn durch dies freie Denken erhöht sich Deine Kreativität, und gerade aus abwegigen Gedanken können sich die besten Aufsätze ergeben. Das bedeutet, egal wie bescheuert oder abwegig Dir ein Gedanke erscheint, schreibe ihn trotzdem erst mal auf.

Keine Ahnung vom Thema? Brainstorming hilft!

Gerade bei Themen, zu denen Du überhaupt keine Ahnung hast, ist Brainstorming sehr sinnvoll. Denn durch den freien Ideenfluß kommst Du erst auf die Fragen, die Deinen Aufsatz interessant machen.
Stelle Dir mal vor, Du sollst über eine Marsexpedition schreiben, hast aber keine Ahnung. Setze Dich hin und phantasiere einmal. Dabei könnten jetzt Gedanken kommen wie:

Marsexpedition: Luft? Marsmenschen? Raumschiff Enterprise – was für Raumschiffe fliegen zum Mars? Passagierflugzeuge? Wissenschaftler – was wird untersucht? Besuch einer Süßigkeitenfabrik, Snickers, Raider, Hunger – was essen auf dem Mars? Steine, Pflanzen, Tiere, Luft, Temperatur, Mars macht mobil, sich bewegen auf dem Mars? Marsmobile, Schwerkraft, Sonnenenergie,...

Du siehst, für einen Aufsatz über eine Planetenexpedition ergibt sich schon eine Aufsatzstruktur mit den Gedanken:

Welches Raumschiff? Welche Wissenschaftler? Worauf man achten muß: Tiere (Bakterien?), Temperatur, Marsmobil – Fortbewegung auf dem Mars.
Von hier aus ergeben sich sofort neue, feinere Gedanken zu den einzelnen Kapiteln: Steine (Schotter? steile Hänge? Treibsand?).

So kannst Du, ohne die blasseste Ahnung zu haben, immer noch einen Aufsatz schreiben, in dem Du wichtige Probleme einer Marsfahrt aus Deiner Sicht beschreibst. Aus dem Brainstorming hat sich aber auch spontan die Idee ergeben, unter einer „Marsexpedition“ einen Besuch einer Süßigkeitenfabrik zu verstehen. Das wäre ein sehr überraschender Ansatz für Deinen Aufsatz, nicht wahr...?

2. „MIND MAPPING“

Eine zweite Form der Ideensammlung ist das sogenannte „Mind Mapping“, übersetzt etwa das „Zeichnen einer Ideenlandschaft“. Hierbei werden die Gedanken gleich sortiert.

Das Prinzip ist einfach:

- In der Mitte steht das Thema;
- davon gehen große Äste ab, die für wichtige Unterthemen stehen;
- von diesen Ästen gehen wieder kleinere Äste ab mit Gedanken zum Unterthema;
- von diesen Gedankenästen gehen ebenfalls wieder Verästelungen ab;
- usw., usw.

VORTEILE DES MIND MAPPING

- Du bekommst gleich eine klare Struktur für Deinen Aufsatz.
- Deine Gedanken können ruhig hin und her springen zwischen den Ästen.
- Der Überblick über jeden Ast produziert wieder neue Gedanken.
- Wenn Dir nichts mehr einfällt, kannst Du eine Pause machen und durch die klare Struktur später wieder schnell ins Thema kommen.

Für das Thema „Fahrzeuge“ könnte ein Mind Map so aussehen:

BEISPIEL MIND MAP ZUM THEMA „FAHRZEUGE“:

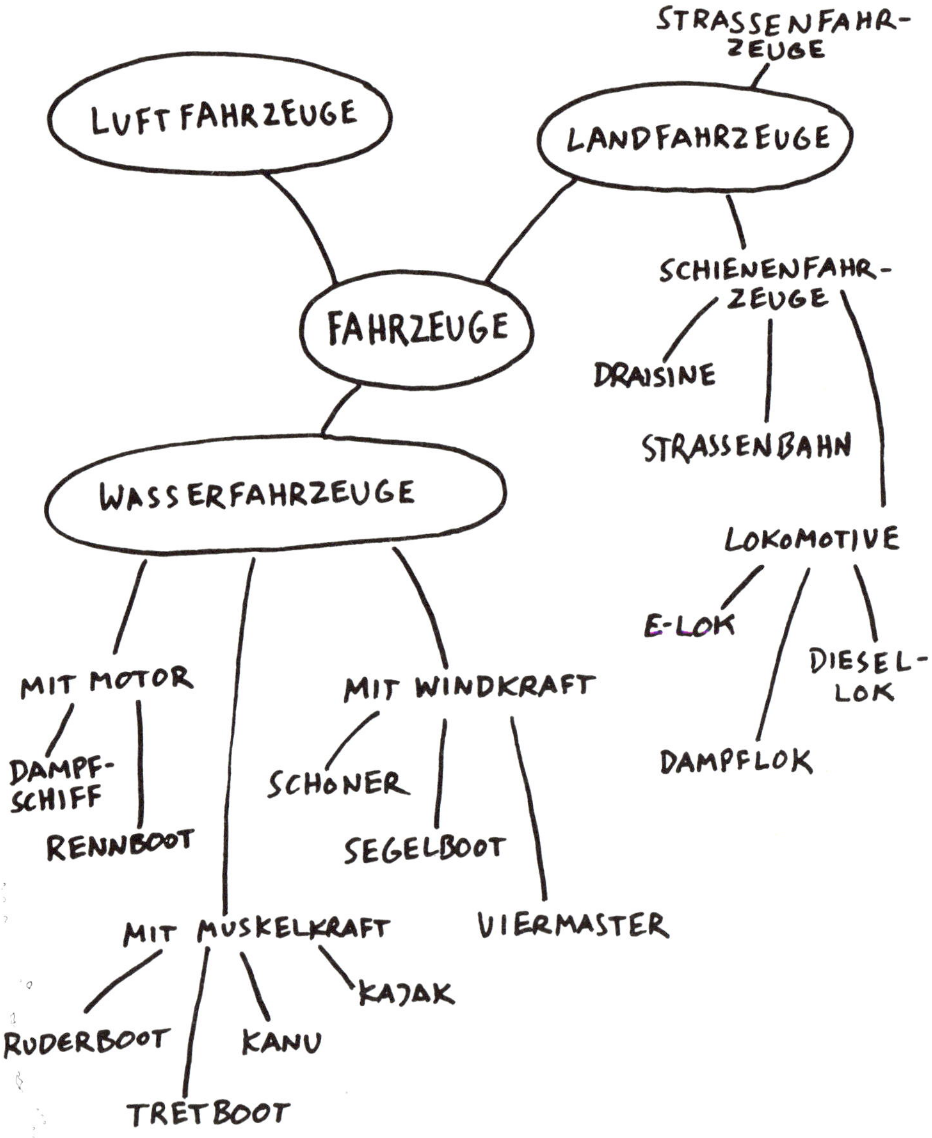

Schreibe ein Mind Map am besten mit Bleistift, dann kannst Du Gedanken, die an einer anderen Stelle besser passen, ausradieren und an der neuen Stelle neu hinschreiben.

EIN FREIER KOPF FÜR KLARE GEDANKEN

Ein Aufsatz entsteht zuerst im Kopf und erst, wenn Du ihn gedanklich fertig hast, beginnst Du zu schreiben.
Hier ein paar sehr gute Tips, wie Du die Punkte 4–6 in der Anleitung zum Aufsatzschreiben umsetzen kannst. Wer Ideen sortieren und ordnen will, muß dies ungestört tun können. Er muß vor allem Muße und Ruhe haben, um „tagzuträumen". Dazu kannst Du die unten genannten Techniken verwenden.

Melodische Musik

Bei Ideensammlungen, ob für Erlebnisaufsätze oder Sachaufsätze, hilft Dir passende Musik, die die Phantasie freisetzt. Das kann klassische Musik sein, Rockpop, Swinging Jazz, Instrumental Pop usw. Die Musik sollte einen klaren Rhythmus haben und dazu eine dominierende Melodie. Sie sollte mit normaler Zimmerlautstärke gespielt sein. Du selbst solltest dann an Deinem Lieblingsort (im Sofa, auf dem Bett, auf dem Teppich,...) Platz nehmen.

Entspannte Situationen

Gedankenströme werden auch durch entspannende Situationen freigesetzt, die vordergründig dem Körper zugute kommen (zum Beispiel unter der Dusche, auf der Toilette, in der Badewanne, auf dem Sofa, beim Waldlauf). Gerade weil sich diese Tätigkeiten auf den Körper richten, entspannt sich der Geist, und Du kannst Deine Gedanken zum Thema schweifen lassen.

Fließende Gleichgewichte

Ebenso hilfreich ist das Betrachten oder Hören sogenannter „fließender Gleichgewichte": der Blick in eine brennende Kerze, das gleichmäßige Rauschen fallenden Wassers (Wasserfall, ein Stauwehr), ein glucksender Bach, das Betrachten vorüberziehender Wolken, das Betrachten eines Pendels.

Geniale Gedanken sofort aufschreiben

Das Nachdenken über den Aufbau eines Aufsatzes und die Auswahl der Inhalte, die in ihm vorkommen, brauchen also mitnichten am Schreibtisch stattzufinden. Allerdings solltest Du immer etwas zum Schreiben (oder ein Diktiergerät) bei Dir haben, damit Du geniale Überlegungen sofort festhalten kannst. Denn manchmal blitzen Ideen nur ganz kurz auf, und Du mußt sie schnell aufschreiben, bevor sie nach ca. 20 Sekunden wieder in den Tiefen Deines Gehirns verschwinden.

10. Texte bearbeiten

Oft geben Lehrer Dir etwas zum Lesen auf, ohne daß Du gezielt Fragen zum Text beantworten sollst.
Es kann ja auch mal vorkommen, daß Dich ein Thema besonders interessiert, und Du willst dazu extra etwas lesen. Allein: Mit dem bloßen Lesen ist es nicht getan. Denn wenn Du Dich bloß hinsetzt und liest, vergißt Du noch am selben Tag rund 90% des Gelesenen!
Auch für das Lesen eines Textes gibt es natürlich Tricks, die Dir entscheidende Lern- und Zeitvorteile bringen.

DIE SCHRITTE BEI DER TEXTBEARBEITUNG

1. Überblick verschaffen: Worum geht es im Text?
2. Leseabschnitte einteilen
3. Unbekannte Wörter nachschlagen
4. Wichtige Passagen unterstreichen/herausschreiben
5. Mit eigenen Worten wiederholen
6. Den Text skizzieren

1. ÜBERBLICK VERSCHAFFEN

Am besten verschaffst Du Dir einen Überblick, indem Du zunächst mal die Überschriften liest, die Dein Text hat. Dann hast Du ein Gerüst, an dem Du weitere Informationen aus dem Text aufhängen kannst.
In Büchern gibt es am Anfang oder Ende eine Kapitelübersicht. Bei manchen längeren Texten findest Du am Anfang oder am Ende eine Inhaltsangabe. Auch diese solltest Du als erstes studieren.

2. LESEABSCHNITTE EINTEILEN

Wenn der Text stark durch Überschriften unterteilt ist, kannst Du diese Kleinkapitel als Einteilung benutzen.
Oft mußt Du allerdings innerhalb eines Kapitels unterteilen. Dann kannst Du Absatz für Absatz lesen.
Das beste ist es, wenn Du während des Lesens darauf achtest, wann ein neuer Gedankengang beginnt. Da machst Du dann erst mal einen Zwischenstopp.

3. UNBEKANNTE WÖRTER NACHSCHLAGEN

Unbekannte Wörter mußt Du sofort nachschlagen oder Dir erklären lassen. Denn sonst verstehst Du nicht, worum es eigentlich geht. Außerdem wächst dadurch Dein Wortschatz und damit Deine Kreativität, Ausdrucksfähigkeit und Rechtschreibsicherheit.

4. WICHTIGES UNTERSTREICHEN/ABSCHREIBEN

Das Wichtige eines Textes kannst Du unterstreichen oder mit einem Highliner (Leuchtstift) markieren. Wenn Du im Text selbst nichts schreiben darfst, dann schreibe die wichtigen Sätze in Stichworten heraus.

TIP: Das kannst Du wieder in Form eines MIND MAP (siehe „Ideen sammeln", Seite 73) tun.

Das Schreiben sorgt dafür, daß die wichtigen Inhalte sich gleich fester in Deinem Gedächtnis festsetzen.

5. MIT EIGENEN WORTEN WIEDERHOLEN

Nach jedem Absatz solltest Du den gelesenen Text mit eigenen Worten wiedergeben. Das fördert das Behalten des Textes.

6. DEN TEXT SKIZZIEREN

Was Du gelesen hast, solltest Du unbedingt in einer Skizze festhalten. Weil wir meistens das besser behalten, was wir in Form eines Bildes sehen, ist das Skizzieren sehr, sehr hilfreich.

Eine solche Skizze kann folgendermaßen aussehen:

1. **Ein MIND MAP (siehe oben)**
2. **ein Schema (Ablauf- oder Ordnungsschema)**
3. **ein Bild, welches den Textinhalt darstellt**

11. Das Notprogramm für Eilige

Hier findest Du Tips, wie Du mit Hausaufgaben umgehen kannst, wenn Du **wenig Zeit oder Null Bock** hast. Aber denke dran: **Dies ist ein Not- und damit ein Ausnahmeprogramm!**

1. Frage: Welcher Lehrer kontrolliert nicht?
Diese Hausaufgaben erst mal ganz nach hinten schieben.

2. Frage: In welchem Fach bin ich so gut, daß es nichts ausmacht, wenn ich einmal keine Hausaufgaben habe?
Diese Aufgaben ebenfalls nach hinten schieben.

3. Frage: Habe ich in Mathe mehrere Aufgaben der gleichen Art auf?
Nur die ersten zwei erledigen, dann weißt Du, ob Du es kannst oder nicht. Die anderen morgens abschreiben oder erledigen, wenn Du noch Zeit und Lust hast.

4. Frage: Sind Arbeits-/Übungsaufgaben zu erledigen?
Nur die ersten zwei erledigen, dann weißt Du, ob Du es kannst oder nicht. Die anderen morgens abschreiben oder erledigen, wenn Du noch Zeit und Lust hast.

5. Frage: Habe ich viele Vokabeln auf?
Unbedingt lernen (siehe Seite 53 und 54).

6. Frage: Übersetzungsaufgaben
Mindestens den ersten Satz übersetzen, dann zeigst Du guten Willen und weißt, ob Du Schwierigkeiten hast.

7. Frage: Leseaufgaben
Wenn nur wenig zu lesen ist, überlege, wann Du es noch einschieben kannst. Wenn viel zu lesen ist, das Risiko abwägen, ob Du drankommst.

Ein solches Programm hast Du in etwa 20–30 Minuten erledigt. Aber wie gesagt: Es ist ein Notprogramm, das bei einmaliger Anwendung nichts schadet, aber Dir viel Ärger machen wird, wenn Du nur so vorgehst.

Kapitel 5: Kontrolle, Fehler, Korrektur

KONTROLLE – DEIN GUTES RECHT

Wer Hausaufgaben macht, hat ein Recht darauf, daß ihre Richtigkeit auch überprüft wird. Das hat zwei gute Gründe:

1. Die Kontrolle gibt Dir und Deinem Lehrer wichtige Hinweise darüber, ob Du den Stoff kapiert hast bzw. ob der Lehrer den Stoff gut erklärt hat. (Je mehr Schüler Schwierigkeiten mit der Hausaufgabe haben, um so schlechter hat der Lehrer den Stoff erklärt.)
2. Die Kontrolle deckt eventuelle Fehler auf, die Du dann schleunigst korrigieren solltest. Denn in Deinem Heft sollte nur Richtiges stehen. Erstens, damit Du fehlerhaftes Wissen nicht jahrelang mit Dir rumschleppst, zweitens, damit Du Dich mit Deinem Hausheft korrekt auf Klassenarbeiten vorbereiten kannst.

KONTROLLE JA – SCHIKANE NEIN

Manche Lehrer und Eltern verwechseln leider Kontrolle mit Schikane. Da werden fehlerhafte Hausaufgaben schlecht zensiert, da muß ein Schüler etwas schlampig geratene Hausaufgaben – obwohl sie richtig sind! – nochmal abschreiben, da werden dumme Bemerkungen gemacht, wenn Du die Hausaufgaben nicht konntest, da wird nur festgestellt, ob Du etwas falsch hast, aber nicht geholfen, es zu korrigieren: Schikanen gibt es viele, und Du wirst sicher noch wesentlich mehr Schikanen kennen.

Eine gute Kontrolle muß darauf gerichtet sein,

- demjenigen, der die Hausaufgaben überhaupt gemacht hat, Anerkennung und Lob zu geben;
- demjenigen, der Fehler hat, diese zu zeigen;
- die Fehler zu untersuchen und Hilfestellung bei der Korrektur zu geben.

KONTROLLE IM UNTERRICHT

Ein wesentlicher Ort der Kontrolle ist die Unterrichtsstunde. Wenn Du Hausaufgaben aufhattest, dann bestehe auf einer Kontrolle. Denn das gebietet schon die Höflichkeit und der Respekt voreinander. Schließlich hast Du ja nachmittags Deine Freizeit geopfert, um die Hausaufgaben zu machen. Ein Lehrer, der nicht kontrolliert, verhält sich Dir gegenüber also respektlos und geringschätzig.
Macht ein Lehrer die Nichtkontrolle zur Gewohnheit, hast Du das moralische Recht, die Hausaufgaben nicht zu machen. Denn ohne Kontrolle nützen sie Dir gar nichts.
Auf unseren Ferienkursen haben die Schüler eine Wunschliste erstellt, wie die Hausaufgabenkontrolle aussehen sollte. Vergleiche, welche Wünsche von Deinen Lehrern beherzigt werden. Über die restlichen Wünsche könnt ihr ja mal in der Klasse sprechen:

AUFGABENKONTROLLE: EINE SCHÜLER-WUNSCHLISTE

- *Die Lehrerin soll überhaupt kontrollieren.*
- *Der Lehrer soll nicht bloß durch die Reihen gehen und gucken, ob man die Aufgaben gemacht hat. Er soll die Ergebnisse vergleichen.*
- *Wenn man eine Aufgabe falsch hat oder gar nicht, dann soll der Lehrer es nochmal zeigen, oder ein anderer Schüler soll es erklären.*
- *Strafen für nichtgemachte oder falsche Aufgaben sind doof, weil man sich dann nicht zuzugeben traut, daß man was nicht gekonnt hat.*
- *Wenn man was nicht kann, holt uns der Lehrer an die Tafel. Das ist doof, und deshalb melden sich diejenigen nicht, die es nicht gekonnt haben.*
- *Der Lehrer soll die Ergebnisse langsam vorlesen, damit man mitkommt und vergleichen kann.*
- *Es wäre toll, wenn man fünfmal im Halbjahr seine Aufgaben nicht machen bräuchte, ohne Strafe.*
- *Der Lehrer sollte weniger aufgeben, dann würde ich die Aufgaben auch machen und dann könnte der Lehrer auch schneller kontrollieren.*
- *Unser Lehrer bestraft mal, und dann wieder nicht. Man weiß gar nicht, woran man ist. Ich würde es gut finden, wenn man mit den Schülern darüber spricht, wieviel Hausaufgaben es gibt, und welche Strafen und Belohnungen es geben soll.*
- *Geil wäre es, wenn der Lehrer uns Zettel mit den Lösungen mit nach Hause gibt, dann könnten wir gleich zu Hause gucken, ob wir richtig gerechnet haben.*

KONTROLLE ZU HAUSE

Sehr gut ist es, wenn Du gleich, nachdem Du die Hausaufgaben gemacht hast, erfährst, ob Du sie richtig hast. Das ist deshalb gut, weil Du so Deine Neugier sofort befriedigst. Außerdem kannst Du so ersatzweise kontrollieren, wenn Dein Lehrer es nicht macht.

Kontrolle zu Hause – etwa von den Eltern?

Wenn Du Dich mit Deinen Eltern gut verstehst, dann kannst Du ihnen ja Deine Ergebnisse zeigen. Wenn es aber mit Deinen Eltern regelmäßig Ärger gibt oder sie nicht auf die Ergebnisse achten, sondern an Deiner Handschrift, Ordnung oder an der Rechtschreibung herumnörgeln, dann verzichte darauf.

Kontrolle durch Klassenkameraden

Die beste Kontrolle für zu Hause ist es, wenn Du Deine Ergebnisse mit denen eines Klassenkameraden vergleichst. Dafür hast Du drei Möglichkeiten:

1. Ihr arbeitet in einem Hausaufgabenzirkel. Dann habt ihr die direkte Kontrolle. Wie so ein Hausaufgabenzirkel funktioniert, erfährst Du im Kapitel 8.
2. Dein Klassenkamerad wohnt in der Nachbarschaft, und ihr könnt euch schnell gemeinsam zur Kontrolle besuchen.
3. Vergleicht die Ergebnisse am Telefon.

Kontrolle am Telefon

- Matheergebnisse
- Grammatikaufgaben (Einsetzübungen, Bestimmungsübungen)
- Übersetzungen
- auswendig Gelerntes (Gedichte, Regeln usw.)
- Vokabeln abfragen

Noch mehr kontrollieren per Fax

- geometrische Zeichnungen
- Bilder, Skizzen, Zeichnungen
- Tabellen, Grafiken
- Aufsätze

Du siehst, das meiste läßt sich schon am Telefon regeln.

WENN IHR UNTERSCHIEDLICHE ERGEBNISSE HABT

Bei eurer gegenseitigen Kontrolle kommt es darauf an, euch gegenseitig zu helfen, nicht, euch fertig zu machen. Es kommt auch nicht darauf an, dem anderen unbedingt die eigene Meinung über einen Lösungsweg aufzudrücken. Wo ihr Unterschiede habt, haltet sie fest und tragt sie in die nächste Unterrichtsstunde. Dann haben alle etwas davon! Deshalb gehe so vor:

1. Gehe immer davon aus, daß Du selbst ein falsches Ergebnis hast.
2. Geht erst mal alle Aufgaben durch und haltet fest, wo ihr unterschiedliche Ergebnisse habt.
3. Sprecht dann durch, wie ihr zu eurem Ergebnis gekommen seid. Begründet euren Lösungsweg.
4. Wenn Du Fehler in Deinem Lösungsweg entdeckst oder in dem Deines Klassenkameraden, sage es ganz sachlich, ohne Beschämung und Frust beziehungsweise Häme oder Schadenfreude. Fehler kann jeder machen.
5. Wenn Du einen Korrekturvorschlag Deines Klassenkameraden nicht akzeptieren kannst und für falsch hältst, sage dies auch ganz sachlich. Meldet euch in der nächsten Stunde und bittet den Lehrer, eure verschiedenen Lösungsvorschläge zu besprechen. Solche Diskussionen lohnen sich für alle in der Klasse! Sei nicht schadenfroh, wenn Du recht behältst – beim nächsten Mal könntest Du irren!

SELBSTKONTROLLE

Eine weitere Möglichkeit, schon zu Hause zu kontrollieren, ist die Selbstkontrolle.

- In Mathematik kannst Du jeweils die Rechenprobe machen. Es reicht, wenn Du das bei ein oder zwei Aufgaben machst.
- Bei den Vokabeln kannst Du Dich selbst abfragen.
- Bei auswendig Gelerntem kannst Du mit dem Text vergleichen. Du kannst auch das Gelernte auf Tonband sprechen und dann beim Abhören mitlesen.
- Du kannst für viele Aufgaben Deinen Lehrer bitten, Lösungszettel in einem Umschlag mitzugeben. Dann hast Du die besten Kontrollmöglichkeiten.

Korrektur

Vielen Schülern fällt es schwer zuzugeben, daß sie etwas falsch gemacht haben. Das liegt daran, daß wir oft so erzogen worden sind, daß wir Fehler für etwas Schlimmes halten. Und auch die Schule benutzt ja Fehler hauptsächlich dazu, Dich als Schüler fertigzumachen.

FEHLER SIND NORMAL

Hier genügt zunächst einmal die Feststellung: Nicht derjenige ist dumm, der Fehler macht. Dumm ist derjenige, der nichts aus seinen Fehlern lernt. Und bescheuert ist derjenige, der Deine Fehler benutzt, um auf Dir herumzutrampeln. Deshalb eines vorweg: Wenn andere Leute Dich hänseln oder ausschimpfen, bloß weil Du einen Fehler gemacht hast, dann laß sie ruhig. Wer so auf Fehler reagiert, hat bloß Angst, selber welche zu machen. Wer sich über die Fehler anderer aufregt oder sich darüber lustig macht, der will sich nämlich bloß wie ein eitler Pfau selber darstellen: „Schaut her, ich mache keine Fehler." Das geht natürlich nur so lange gut, bis demjenigen selbst ein Fehler unterläuft und Du Dich jetzt über ihn lustig machst. Das ist eine Ärgerspirale ohne Ende; stattdessen ist es besser, sich gegenseitig zu helfen und so eine gegenseitige Erfolgsspirale auszulösen.

AUS FEHLERN LERNEN

Wenn Du einen Fehler in Deinen Hausaufgaben entdeckst, reicht es nicht, einfach nur die falsche Lösung durchzustreichen und stattdessen die richtige hinzuschreiben. Das nützt überhaupt nichts.

Du mußt Dich auf die Suche nach der Ursache des Fehlers machen, um ihn ein für allemal auszumerzen.

BEISPIEL MATHEMATIK

Grundsätzlich hast Du zwei Fehlerquellen:

1. Du hast irgendeine Rechenoperation falsch durchgeführt.
2. Du machst Flüchtigkeitsfehler, weil Du zu lange, ohne Pause, rechnest.

Du hattest 10 Aufgaben auf, davon hast Du 2 falsch und den Rest richtig. Jetzt mußt Du überprüfen, was genau der Fehler war.
Die 10 Aufgaben waren alles einfache Gleichungen der Art $x + 7 = 90$.

Auf der Suche nach dem Fehler

Die erste Frage: Habe ich das Rechenprinzip verstanden?
Antwort: Ja, denn ich habe acht Aufgaben richtig.

Die zweite Frage:
Hatte ich Konzentrationsschwächen?
Zur Probe die Aufgaben einfach noch mal rechnen. Wenn Du sie jetzt problemlos löst, warst Du wahrscheinlich nur unkonzentriert. Überprüfe trotzdem, worin der Fehler bestand.

Die nächsten Fragen lauten:
Worin unterscheiden sich die beiden fehlerhaften von den anderen Aufgaben?
Haben die beiden fehlerhaften Aufgaben Gemeinsamkeiten?
War etwas neu an den Aufgaben?

Du hattest die Aufgaben falsch: 3x + 1 = 16 und 2x + 2 = 2; das sind die einzigen Aufgaben, bei denen das 'x' mit einem Faktor, einmal der '3' und einmal der '2', verbunden ist.
Bei Deiner Rechnung siehst Du, daß Du beim Rechnen folgendes getan hast:

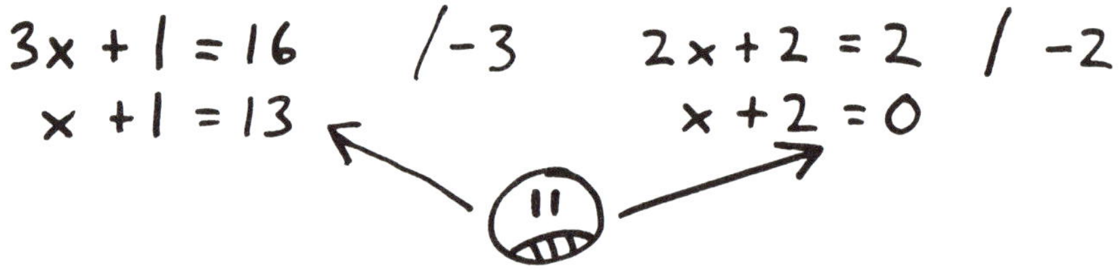

Der Fehler lag also tatsächlich in einer falschen Rechenoperation.
Jetzt reicht es allerdings nicht, daß Du bloß feststellst: „Ach so, wenn 'x' mit einem Faktor (der '3' bzw. der '2') verbunden ist, muß man teilen." Eine so kurze Beschäftigung mit dieser Fehlerquelle hat zur Folge, daß das richtige Vorgehen sich nicht im Gedächtnis festsetzen kann. Der nächste Fehler ist vorprogrammiert.

MEIN TIPP

Schreibe die Rechnung jetzt groß auf ein DIN-A3-Blatt (zwei zusammengeklebte DIN-A4-Blätter), hänge es an Deine Tür und erkläre jemand anderem, **warum** Du an dieser Stelle teilen mußt.

Kapitel 6: Der innere Schweinehund

Woher kommt es eigentlich, daß Du manche Hausaufgaben doof und langweilig findest und andere gar nicht erst machst? Warum hast Du manchmal eine „Null-Bock-Haltung"? Nun, da bellt Dein innerer Schweinehund, den man ja bekanntlich des öfteren überwinden muß.

DAS TUN, WAS ANERKENNUNG BRINGT

Grundsätzlich sind wir biologisch so veranlagt, daß wir nur **das** freiwillig tun, was uns Spaß und Erfolg, Anerkennung und Lob bringt. Kurz: Was unser Selbstwertgefühl bewahrt und steigert.

Und wir **vermeiden** das, was uns Ärger, Frust, Angst und Beleidigungen bringt. Kurz: Alles, was unser Selbstwertgefühl verletzt.

Und dann entscheiden wir uns noch bei zwei Übeln (Hausaufgaben machen oder Zimmerarrest) für das kleinere Übel. Deshalb strafen Eltern so gerne, um Dich zu Hausaufgaben zu zwingen. Dabei wäre es viel schöner, erfolgversprechender und dem häuslichen Frieden dienlicher, ein ausgeklügeltes Belohnungssystem zu etablieren, wie wir es in unserem Elternbuch „Besser motivieren – weniger streiten" beschreiben!

IDEENKILLER

Na, jedenfalls meldet sich Dein innerer Schweinehund immer dann, wenn er befürchtet, daß Dein Selbstwertgefühl Schaden nehmen könnte.
Nimm einmal an, Du glaubst, Du kannst kein Mathe. Dann wäre es natürlich bescheuert, sich hinzusetzen und die Matheaufgaben zu machen und sich 10 oder 20 mal selbst zu zeigen, daß man blöd ist. Deshalb schickt der innere Schweinehund seine „Ideenkiller" aus, die Dir einflüstern: „Laß Mathe sein. Es lohnt nicht." Und schon machst Du auch kein Mathe.

Eigentlich kann jeder Mensch alles lernen, was er will. Ideenkiller sorgen dafür, daß Du Dinge nicht tust, die Du eigentlich könntest.
Es sind die Ideenkiller (sowohl die eigenen als auch die von anderen Leuten), die Dir Hemmungen machen. Ideenkiller kommen zuerst von außen, von Eltern, Geschwistern, Lehrern usw.

Wenn Du nur oft genug einen Ideenkiller hörst, z.B.: „Naja, Mädchen brauchen eh' kein Mathe", und Du bist ein Mädchen, dann glaubst Du bald selbst daran, dann hast Du den Ideenkiller in Dir drin. Ideenkiller sind wie eine ansteckende Krankheit, aber sie sind heilbar.
Und vor allem: Ideenkiller („Ich bin für Fremdsprachen nicht begabt!") haben immer unrecht. Du kannst nur deshalb bestimmte Dinge nicht,

- weil Du selbst **glaubst**, es nicht zu können;
- weil andere **glauben,** daß Du es nicht kannst;
- weil es Dir **mit den falschen Methoden schlecht erklärt** wurde.

Auf den nächsten Seiten findest Du die Geschichte von Peter, der mit Ideenkillern angesteckt wird. Die Geschichte ist zusammengebastelt aus echten Schülererlebnissen von verschiedenen Schülern. Findest Du Parallelen zu Dir?

Danach kannst Du eine ganze Latte von Ideenkillern lesen auf Seite 91. Prüfe einmal, mit welchen Du selbst angesteckt bist.

Und anschließend kommt das Heilungsprogramm.

Peter

Peter ist ein guter Schüler. Er ist in der 5. Klasse auf dem Gymnasium. Dort will er an seine Erfolgsstory aus der Grundschule anknüpfen: In seinem Zeugnis hat er nur die besten Noten.

Einige Wochen ist er nun schon am Gymnasium, und etwas schwerer als in der Grundschule ist es doch. Vor allem Mathematik fällt ihm schwer, zumal er auch den Lehrer nicht besonders mag.
Peter sitzt vor seinen Hausaufgaben. „Also, das mit den Gleichungen scheine ich noch nicht ganz kapiert zu haben.“ Peter kratzt sich nachdenklich am Kopf. Na, immerhin kann er ja seine Eltern fragen. Also erst mal Englisch machen.
Später fragt er seine Mutter, ob sie ihm bei Mathe helfen kann.
Die Antwort ist nicht gerade ermutigend: „Nein, Du, ich habe keine Zeit. Aber Du schaffst das schon alleine. Es ist noch kein Meister vom Himmel gefallen. Streng Dich einfach mehr an!“
Das war wohl nichts, denkt sich Peter. Eine Menge Ratschläge waren das ja – aber die Gleichungen kann er immer noch nicht.
Als sein Vater nach Hause kommt, ergeht es Peter nicht besser. Uiih, was er da zu hören bekommt von seinem Vater: „Du solltest besser in der Schule aufpassen. Ruhst Du Dich immer noch auf Deinen Lorbeeren von der Grundschule aus? Von nichts kommt nichts! Meinst Du, ich opfere jetzt noch meine Zeit, bloß weil mein Herr Sohn morgens in der Schule nicht aufpassen kann? Du solltest mehr lernen und weniger spielen. Begreif endlich, daß Du auf dem Gymnasium bist.“
Mannomann, was für ein Theater! Aber die Hausaufgaben in Mathe hat Peter immer noch nicht. Nur viel schlechter als vor einigen Stunden noch fühlt er sich jetzt. Peter macht seine Aufgaben jetzt irgendwie, genau wissend, daß sie falsch sind. Später, als er seinen Eltern sagte, daß er fertig sei (ohne zu sagen, daß er die Aufgaben falsch hat), haben seine Eltern nur zufrieden genickt und gemeint: „Siehst Du, es geht auch alleine. Du mußt Dich nur anstrengen.“

Am nächsten Tag im Mathe-Unterricht glaubt Peter, im Vorhof zur Hölle zu sein. So heizt ihm sein Lehrer ein: „So, so, der kleine Herr Peter Müller hat also mal wieder Mist gerechnet. Das hätte ich mir ja denken können. Los, komm raus an die Tafel und rechne uns Deine Aufgaben mal vor!“

Peter ist den Tränen nahe. Er will eigentlich noch klarstellen, daß es ja das erste Mal ist, daß er die Hausaufgaben nicht hat, aber der Lehrer schneidet ihm das Wort

ab: „Du sollst keine Volksreden halten, Du sollst an die Tafel kommen."
Peter ist geschockt, mechanisch steht er auf und wankt zur Tafel. An jeden Tisch, an dem er vorbeikommt, tippt er kurz mit den Fingern an, wie um sich festzuhalten.
An der Tafel hat er die totale Denkblockade. Der Lehrer ist stocksauer und macht sich lustig über Peter. Schließlich soll er das kleine Einmaleins rechnen, das würde er wohl noch können, oder? höhnt der Lehrer. Die Klasse lacht, und Peter muß jetzt heulen. Ein schwarzer Tag.

Die nächsten Wochen verlaufen für Peter ruhig. Er meldet sich nicht mehr, und der Lehrer nimmt ihn auch nicht dran. Als der Lehrer einmal die Hausaufgaben kontrollierte und Peter sie dem Lehrer etwas zu eifrig zeigte, hat er nur gesagt: „Na, bei wem hast Du denn die abgeschrieben?" Die Klasse hat wieder gelacht, und Peter fühlte sich unheimlich verletzt.
Zu Hause fragt er seit jenem Tag vor einigen Wochen gar nicht erst um Hilfe. Nach der Abfuhr neulich hat ihm seine Mutter zwar noch zweimal geholfen, aber sie war dabei so ungeduldig und hat ihn so unter Druck gesetzt, daß es beide Male in einem Streit endete, die Mutter wütend aus dem Zimmer rannte und die Tür zuballerte.
Die Klassenkameraden mag Peter auch nicht mehr fragen, wenn er etwas nicht kann. Schließlich haben die doch alle gelacht damals, die würden ihm bestimmt nicht helfen. Und sich lächerlich machen – das will er nicht noch einmal erleben.
Inzwischen sind einige Wochen vergangen. Mathe-Hausaufgaben macht Peter nicht mehr. Sowie er nur an Mathe denkt, bekommt er Beklemmungen. Unheimliche Gedanken haben in den letzten Wochen von ihm Besitz ergriffen: „Du bist zu blöd für Mathe." „Du solltest die Schule wechseln." „Du mußt Dich nur anstrengen, aber Du bist zu dumm dafür." „Der Lehrer weiß ganz genau, warum er Dich einen Dummkopf genannt hat." „Du bist überhaupt unfähig fürs Gymnasium."

Diese Gedanken beschäftigen Peter fortwährend, und vor allem in den Klassenarbeiten kriegt er gar nichts mehr hin, sowie ihm diese Gedanken kommen. Entsprechend schlecht fallen die Arbeiten aus. Und nicht nur in Mathe, sondern in der letzten Zeit auch in den anderen Fächern.
Die Lehrer und die Eltern sind ratlos, was mit Peter ist. Und selbst Peter weiß nicht mehr, wie das alles gekommen ist. Peter ist vom Himmelstürmer in der Grundschule zum Versager am Gymnasium geworden.

Eine Sammlung von Ideenkillern:

Ich kann nicht rechnen.
Ich habe eine Sauklaue.
Ich bin unordentlich.
Meine Eltern waren schon keine guten Rechner.
Bio ist nicht mein Fach.
Das dauert alles viel zu lang.
Das ist langweilig.
Völlig uncool.
Schon wieder Vokabeln lernen?
Das klappt doch eh' nicht!
Ich brauche keine neuen Methoden!
Ich hab' das schon immer so gemacht.
Wozu das Ganze?
Das kann ich doch noch später machen.
Hans macht das genauso!
Das tun doch schon alle!
So was macht man nicht!
....
....
....

Fallen Dir noch mehr Ideenkiller ein?

Kapitel 7: Sieben Schritte zum Erfolg

Wenn Du Dein persönliches Verhalten bei den Hausaufgaben ändern möchtest, dann geht das nicht hopplahopp. Gerade eigenes Verhalten ändert sich nur sehr langsam. Deshalb ist es ratsam, planvoll vorzugehen, damit dem inneren Schweinehund, der den alten Trott beibehalten möchte, keine Chance bleibt. Sieben Schritte sind es, die Dich auf Erfolgskurs bringen:

1. ZIELAUSWAHL

Welches Verhalten will ich ändern?

2. ZIELBETRACHTUNG

Vorteile vom neuen Verhalten?

3. ZIELPROGRAMMIERUNG

Welche Etappen gibt es auf dem Weg zum Ziel?

4. ZIELUMSETZUNG

Lernspaß und Erfolg organisieren!

5. KONTROLLE UND KORREKTUR

Bin ich wirklich auf dem richtigen Weg?

6. SELBSTLOB UND BELOHNUNG

Erkenne Dich an – laß Dich anerkennen!

7. EIN FREUNDLICHES UMFELD ORGANISIEREN

Hilf anderen, dann wird Dir selbst geholfen!

1. Zielauswahl: Welches Verhalten will ich ändern?

Der erste Schritt auf dem Erfolgsweg ist es, daß Du Dir in aller Ruhe überlegst, ob Du Ärger mit den Hausaufgaben hast und ob Du daran etwas ändern willst. Stelle Dir folgende Fragen:

- Was ärgert mich schon lange? (Mehrfachnennungen)
- Was macht mich unglücklich? (Mehrfachnennungen)
- Kann ich selbst etwas daran ändern – wenigstens teilweise?
- Ist der Veränderungswunsch wirklich mein eigener Wunsch, oder will ich bloß jemandem einen Gefallen tun?
- Ist das Ziel wirklich in nächster Zukunft zu verwirklichen?
  Das Vorhaben, eine Initiative zur Abschaffung der Hausaufgaben zu starten, wäre sicherlich ein Ziel, daß nicht sofort zu verwirklichen ist (schade eigentlich!).

Auf Seite 94 findest Du Vorhaben, die sich Teilnehmer unserer Ferienkurse für sich überlegt haben und die sie dann zu Hause umsetzen wollten.

EIN ZIEL AUSWÄHLEN!

Wenn Du mehrere Ziele angegeben hast, mußt Du Dir ein einziges aussuchen. Du kannst nach folgenden Entscheidungshilfen auswählen:

- ein Problem, das Dir sehr viel Ärger macht (oder eines, das nur gelegentlich auftaucht)
- ein Problem, das leicht zu lösen ist (oder eines, das mir ständig Überwindung abfordert)
- ein Problem, das schnell zu lösen ist (oder dessen Überwindung sehr lange dauert)

Überlege diese Schritte in aller Ruhe. Die Ziele, die Du nicht gleich angehen wirst, schreibst Du auf und verwahrst sie in Deiner persönlichen Schatztruhe.

PERSÖNLICHE ZIELE ZUM THEMA „HAUSAUFGABEN"

„Meine Eltern drängen mich ständig, die Aufgaben zu machen. Auch zwischendurch guckt meine Mutter immer ins Zimmer, ob ich was tue. Ich will erreichen, daß meine Eltern mich total in Ruhe lassen."

„Meine Mathelehrerin ist echt doof. Die schreit immer 'rum. Deshalb hab' ich immer ein blödes Gefühl im Bauch, wenn ich nur an Mathe denke. Außerdem macht es Spaß, sie zu ärgern, wenn man keine Hausaufgaben hat – da explodiert die dann so schön. Ich will in Zukunft erreichen, daß ich immer meine Matheaufgaben mache."

„Ich hab' immer gedacht, daß ich keine Vokabeln lernen kann. Jetzt weiß ich, daß das gar nicht meine Schuld ist. Ich will versuchen, mit den Tricks, die ihr mir gezeigt habt, jetzt immer Vokabeln zu lernen."

„Ich finde Geschichte total doof und langweilig. Ich nehme mir vor, in Zukunft wenigstens die Texte zu lesen, die wir aufkriegen."

„Ich mache meine Hausarbeiten immer auf den letzten Drücker. Vor allem stört mich, wenn ich sonntags abends noch was machen muß. Ich will mal ausprobieren, ob ich es hinkriege, die Aufgaben immer gleich zu machen."

„Wenn ich was nicht kann, werde ich wütend. Dann schmeiß ich immer das Buch in die Ecke oder fange an zu heulen. Ihr habt gesagt, daß sind „Ideenkiller". Ich will versuchen, nicht aufzugeben, wenn ich was nicht kann. Ich will dann weitermachen und mir sagen: Ich kann das doch."

„Hausaufgaben sind eh' beschissen. Meistens schreib' ich die ab, wenn überhaupt. Ich nehm' mir vor, wenigstens jeden Tag fünf Vokabeln zu lernen. Die paar Minuten bring ich schon auf, und ihr sagt ja, da kann man am schnellsten Erfolg haben."

„Ich trödel öfter 'rum mit den Aufgaben. Ich will deshalb immer nach eineinhalb Stunden Schluß machen. Was ich dann nicht geschafft habe, da habe ich halt Pech gehabt. Aber ich glaube, ich werde in der Zeit fertig."

„Ich rufe meinen Freund an, wenn ich fertig bin, dann können wir uns gegenseitig kontrollieren. Das hat den Vorteil, daß mich dann meine Mutter in Ruhe läßt."

2. Zielbetrachtung: Vorteile vom neuen Verhalten?

Jeder Mensch tut **freiwillig** nur das, was ihm Spaß, Erfolg, gute Laune, Freude, Anerkennung und Lob einbringt. Das bedeutet: Eine Veränderung Deines Verhaltens muß Dir 'ne Menge Vorteile bringen. Das will also gut überlegt sein.
Es lohnt sich, über sein eigenes Verhalten nachzudenken, denn manchmal sind wir uns mancher Vor- und Nachteile, die unser Verhalten hat, nicht bewußt.

BISHERIGES VERHALTEN: VOR- UND NACHTEILE

Du hast Dir jetzt eine bestimmte Sache überlegt, die Du verändern möchtest. Überlege bitte einmal, welche Vorteile Du bisher von Deinem Verhalten hattest. Überlege auch, welche Nachteile Dir Dein bisheriges Verhalten bringt.

GEWÜNSCHTES VERHALTEN: VOR- UND NACHTEILE

Überlege wieder, welche Vorteile das gewünschte Verhalten haben könnte. Und überlege, welche Nachteile es haben könnte.

EINE PHANTASIEREISE

Du mußt von Deinem Ziel eine klare Vorstellung bekommen, denn sonst kannst Du nur ganz schlecht Vor- und Nachteile abwägen.

Dabei hilft Dir eine Phantasiereise. Höre eine ruhige, stimulierende Musik, die Deine Gedanken beflügelt. Lege oder setze Dich ganz entspannt und locker hin und lenke Deine Gedanken in Richtung Deines Wunsches, wie in einem Tagtraum.

Stelle Dir vor, Du hast Dein Ziel bereits erreicht. Mit allen Sinnen nimmst Du Deine Umgebung in Dich auf.

Stelle Dir vor,

- **was Du erlebst,**
- **was Du dort siehst,**
- **was Du dort hörst,**
- **welche Personen dort sind,**
- **was sie sagen,**
- **wie sie Dir begegnen,**
- **was Du tust,**
- **was Du denkst,**
- **welche Gefühle Du hast.**

Wenn Du Dir Dein Ziel wirklich „vor Augen“ führen kannst und dabei angenehme Gefühle hast, dann kannst Du Dir dieses innere Bild immer wieder vorstellen. Die Freude über das „erreichte“ Ziel kann Dir viel Motivation geben, die Du gerade dann brauchst, wenn es mal Rückschläge gibt.

Wenn Du gerne schreibst, kannst Du Deine Erlebnisse auch in einer Geschichte aufschreiben oder in einem liebevollen und begeisterten Brief an Dich selbst!

Zum Schluß wäge ab, von welchem Verhalten Du mehr hast, und lebe dann danach.

Falls das alte Verhalten mehr Vorteile für Dich hat, überlege, ob das neue Verhalten durch kleine Belohnungen attraktiver wird. Zum Belohnen von Leistungen findest Du ausführlich alles im Buch „Besser motivieren – weniger streiten“, unseren Elternbegleitband zu diesem Buch.

BEISPIEL: ABWÄGUNG VON VOR- UND NACHTEILEN

Hier findest Du ein Beispiel für die Abwägung von Vor- und Nachteilen (das Beispiel wurde von Schülern auf unseren Ferienkursen erarbeitet):

JETZIGES VERHALTEN: ICH MACHE DIE HAUSAUFGABEN SONNTAGS ABENDS

VORTEILE:
- UNTER DER WOCHE MEHR ZEIT
- ICH ARBEITE UNTER DRUCK BESSER
- MEINE MUTTER HILFT MIR
- SONNTAGS ABENDS IST MIR EH' LANGWEILIG

NACHTEILE:
- KEINE ZEIT, BEI PROBLEMEN NOCH KUMPEL ZU FRAGEN
- KANN LÄNGER DAUERN ALS GEPLANT, ENTWEDER MUSS ICH DANN ABBRECHEN ODER DIE AUFGABEN SEHR LANGE MACHEN
- ES DARF NICHTS DAZWISCHEN KOMMEN (BESUCH, TV)
- BIN DEN SONNTAG ÜBER SCHON IN GEDANKEN BEI DEN AUFGABEN

GEWÜNSCHTES VERHALTEN: HAUSAUFGABEN SOFORT MACHEN

VORTEILE:
- ICH KANN BESSER PLANEN
- BEI SCHWIERIGKEITEN HABE ICH GENÜGEND ZEIT, JEMANDEN ZU FRAGEN, BZW. DIE AUFGABEN AUFZUSCHIEBEN
- ICH BRAUCHE NICHT MEHR DIE GANZE ZEIT AN DIE AUFGABEN ZU DENKEN
- ICH HABE DAS GANZE WOCHENENDE FREI

NACHTEILE:
- ICH KOMME ERST SPÄTER ALS SONST ZUM SPIELEN
- ICH MUSS DIE AUFGABEN ALLEINE MACHEN
- ICH MUSS MICH ÜBERWINDEN, DIE AUFGABEN GLEICH ZU MACHEN

TIPP

Dieses Überlegungen stellst Du am besten zusammen mit einer Vertrauensperson, einem dicken Freund, an.

3. Zielprogrammierung: Welche Etappen gibt es auf dem Weg zum Ziel?

ETAPPEN EINTEILEN

Teile Dein Vorhaben in Etappen ein. Denn Du ißt ja schließlich auch eine Wurst nicht in einem Stück auf, sondern Du zerschneidest sie.

Etappen sind deshalb wichtig, weil es eine Zeit braucht, bis ein Ziel erreicht ist. Bis es soweit ist, mußt Du aber schon Fortschritte erkennen, sonst verlierst Du die Motivation.

Etappen sind deshalb gut,

- weil Du so Punkte hast, an denen Du Erfolge messen kannst
- weil Du so Dich neu motivieren kannst
- weil Du so über Erreichtes und noch zu Schaffendes nachdenken kannst
- weil Du so Möglichkeiten hast, eventuell einen anderen Weg zu beschreiten

Denke immer daran: Ein neues Verhalten bedeutet für Dich immer das Betreten von Neuland. Als würdest Du ein unbekanntes Land entdecken! Und unbekanntes Land betritt man am besten vorsichtig, Schritt für Schritt.

DIE ZWEI WICHTIGSTEN DINGE

1. Im Kampf gegen die Ideenkiller darfst Du Dir nur ganz wenig auf einmal vornehmen. Einen Riesenberg, den Du vor Dir hast, kannst Du leichter bewältigen, wenn Du ihn in kleine Maulwurfshügel aufteilst.

2. Du darfst nur Deinen eigenen Fortschritt im Auge haben. Der Erfolg ist für Dich nicht, ob sich Deine Noten verbessern (das werden sie zu Anfang nicht) oder ob Du so gut wie die anderen bist (es gibt immer einen, der besser ist), sondern einzig und allein der Vergleich: **Was kann ich heute, was ich gestern noch nicht konnte? Was habe ich heute getan, wovon mir mein Schweinehund abgeraten hat?**

Das bedeutet:
Wenn Du sagst: „Ich kann doch Vokabeln lernen", dann fange erst mal mit drei bis fünf Vokabeln an. Wenn Du vorher keine oder nur eine gelernt hast, ist das nämlich schon eine ganz gehörige Steigerung! Bleib dabei, auch wenn der Lehrer Dir 40 Vokabeln aufgegeben hat. Schließlich sollst Du nicht die Ziele des Lehrers, sondern Deine eigenen erreichen!

Wenn Du seit Jahren in Mathe auf Deine Ideenkiller hörst, dann wäre es verkehrt, sich für die nächste Klassenarbeit vorzunehmen: „Ich schaffe eine 1". Die Klassenarbeit ist zunächst egal, hole in Ruhe den Stoff vom letzten Jahr nach. Wichtig ist allein, daß Du Dich wieder an Mathe rantraust und irgendetwas kapierst, von dem Du bisher glaubtest, es sei zu hoch für Dich. **Das ist dann ein persönlicher Fortschritt.**

Merke Dir: Wenn Du gegen Deine Ideenkiller und damit gegen Deinen Schweinehund ankämpfst, geht es nicht um Noten oder Schule, nicht um Vergleiche zu anderen. Es geht einzig und allein um DICH, um Dein Selbstvertrauen und Dein Selbstwertgefühl.

FORTSCHRITT WÄCHST OFT UNSICHTBAR

Wenn Du in eine Schüssel mit schwarzem Wasser eine Münze wirfst, plätschert es kurz, und die Münze versinkt. Das schwarze Wasser steht wieder ruhig in der Schüssel, als wäre nichts geschehen. Das kannst Du noch mit 100 weiteren Münzen machen, immer bleibt am Schluß die gleiche schwarze Brühe.
Aber unter der Oberfläche, da wächst der Münzenberg, und irgendwann, ganz plötzlich, ragt die Bergspitze aus dem Wasser. Die schwarze Brühe ist verdrängt.
Und genauso verläuft der Kampf gegen die Ideenkiller und den inneren Schweinehund: Nach einigen ersten Anfangserfolgen wirst Du lange Zeit das Gefühl haben, es tut sich nichts, aber unter der Oberfläche, in Deinem Herzen und Deiner Seele, bricht sich das neue, erfolgreiche Verhalten langsam aber sicher seine Bahn.

BEISPIELE FÜR ETAPPEN

Vorhaben:

„Meine Eltern drängen mich ständig, die Aufgaben zu machen. Auch zwischendurch guckt meine Mutter immer ins Zimmer, ob ich was tue. Ich will erreichen, daß meine Eltern mich total in Ruhe lassen."

Mögliche Etappen:

Ich rede mit meiner Mutter darüber, warum sie mich drängt und bei den Aufgaben immer reinschaut. Denn sie hat ja Gründe dafür.

Ich sage meiner Mutter von mir aus, ohne daß sie fragen braucht, jeden Mittag, wann ich Hausaufgaben machen will. Sie darf mir dafür keine anderen Zeiten vorschreiben.

Ich vereinbare mit meiner Mutter täglich eine feste Zeit, zu der ich ihr alle fertigen Aufgaben zeige. Sie darf nicht an Ordentlichkeit und Handschrift rumnörgeln. Zu dieser Zeit kann sie mich auch abfragen.

Später (nach einigen Wochen) zeige ich ihr dann zu einem festen Zeitpunkt in wenigstens zwei Fächern die fertigen Hausaufgaben. Dann brauche ich ihr nicht mehr zu sagen, wann ich Hausaufgaben mache.

Noch später, wenn meine Mutter sich sicher ist, daß ich immer Hausaufgaben mache, zeige ich ihr sie nur noch, wenn ich will.

Vorhaben:

„Ich trödle öfter 'rum mit den Aufgaben. Ich will deshalb immer nach eineinhalb Stunden Schluß machen. Was ich dann nicht geschafft habe, da habe ich halt Pech gehabt. Aber ich glaube, ich werde in der Zeit fertig."

Mögliche Etappen:

Ich beobachte mich selbst erst mal, bei welchen Aufgaben ich trödle. Ich werde darauf achten, ob ich vielleicht müde bin (Leistungstief am Nachmittag). Ich werde darauf achten, ob ich trödle, weil ich glaube, daß ich eine Aufgabe nicht schaffe. Und ich fühle in mich hinein, ob ich mit dem Trödeln vielleicht bloß meine Mutter anlocken will, damit sie bei mir ist. Ich werde darauf achten, ob ich deshalb so viel Zeit brauche, weil ich zu lange über einzelne Sachen nachdenke und mich in Gedanken verliere. Nach dieser Beobachtung werde ich neue Etappen festlegen. Das könnten sein:

Leistungstief am Nachmittag

Ich werde nur wenig zu Mittag essen und dann vor allem leichte Kost.
Ich werde viel Wasser trinken.
Ich werde alle 10 Minuten eine Gymnastikpause machen und das Fenster öffnen.
Ich mache einen Teil später, wenn ich mit den Freunden gespielt habe.

Ich kann die Aufgaben nicht

Ich mache zuerst die Aufgaben, die ich kann.
Ich probiere von den Aufgaben, die ich nicht kann, zunächst mal die erste aus.
Ich frage einen Klassenkameraden, wie die Aufgaben gehen sollen.
Ich passe im Unterricht auf und frage, wenn ich was nicht verstanden habe.
Falls ich mich nicht traue zu fragen, notiere ich mir das, was ich nicht verstanden habe, um dann nach der Stunde meinen Freund zu fragen, wie's geht.

Ich will meine Mutter anlocken

Meine Mutter bringt mir zwischendurch mal Obst, Kekse, Wasser oder Milch.
Ich mache vor den Aufgaben etwas mit meiner Mutter zusammen.
Ich mache nach den Aufgaben etwas mit meiner Mutter zusammen.

Ich verliere mich in Gedanken

Ich werde einen Wecker neben mich stellen, damit ich immer weiß, wieviel Zeit schon um ist.
Ich werde zunächst mal schätzen, wieviel Zeit ich für die einzelnen Aufgaben brauche und dann mit der tasächlichen Zeit vergleichen.
Ich werde meine Klassenkameraden fragen, wie lange sie brauchen. Vielleicht dauern die Aufgaben ja wirklich so lang, und ich trödle gar nicht?
Ich werde die Aufgaben nach Wichtigkeit sortieren.
Ich nehme mir jeden Tag zu der Zeit, wo ich die Aufgaben beendet haben sollte, etwas Wichtiges und Wertvolles vor, was ich auf keinen Fall verpassen möchte.
Ich probiere mal das Notprogramm aus, das in diesem Buch auf Seite 78 steht.

Das sind nur einige Vorschläge für Etappen. Sicherlich wirst Du für Dein eigenes Programm eigene Etappen finden. Manchmal stellt sich heraus, daß Du Dir zu wenig oder zu viel vorgenommen hast. Das ist ganz normal, denn Du mußt ja auch mit diesen Etappen erst Erfahrungen sammeln.
Ändere dann einfach Deine Strategie, aber behalte Dein Ziel im Blick.

4. Zielumsetzung: Lernspaß und Erfolg organisieren!

Niemand wird vom Lesen eines Bodybuilding-Buches schon ein Arnold Schwarzenegger. Und niemand ändert sein Verhalten allein durch den Wunsch danach. Du mußt nun das, was Du Dir vorgenommen hast, in die Tat umsetzen.

Was Lern- und Arbeitstechniken angeht, so findest Du alles Nötige im Kapitel „Anwendung der Lerntugenden".

Was zusätzliche Motivation über Belohnungen angeht, so findest Du dazu alles Wichtige im Unterkapitel „Selbstlob und Belohnung" auf Seite 105.

Suche Dir bitte entsprechend aus den einzelnen Kapiteln heraus, was Du brauchst zur Umsetzung Deines Vorhabens.

5. Kontrolle und Korrektur: Bin ich wirklich auf dem richtigen Weg?

OFT GEHT ETWAS SCHIEF

Du wirst immer wieder feststellen, daß es manchmal nicht so klappt, wie Du Dir das wünscht.

Du willst feste Zeiten für Deine Hausaufgaben einrichten – nach drei Tagen aber kommt das erstemal was dazwischen. Oder Du setzt Dich zwar zur festgelegten Zeit an die Hausaufgaben, bist aber total unkonzentriert und schaffst nichts.

Egal wie, wenn irgendetwas schief läuft, ist das ein Grund, darüber nachzudenken, warum es schief läuft und was Du ändern könntest, um trotzdem auf dem Weg zu Deinem Ziel zu bleiben.

Auf gar keinen Fall ist es ein Grund, die Flinte ins Korn zu werfen. Denn bei jeder Planung gibt es Umstände, die man nicht von vorneherein berücksichtigen konnte. Deshalb ist es okay, wenn sich ein einmal eingeschlagener Weg als Irrweg erweist.
Ist das so, mußt Du einen anderen Weg gehen. Denn bekanntlich führen ja viele Wege nach Rom.

Du kannst so aus Fehlern lernen und eine Menge an Erfahrungen sammeln. Das Erreichen eines Wunschzieles hat auch immer etwas mit Experimentieren zu tun.

6. Selbstlob und Belohnung: Erkenne Dich an – laß Dich anerkennen!

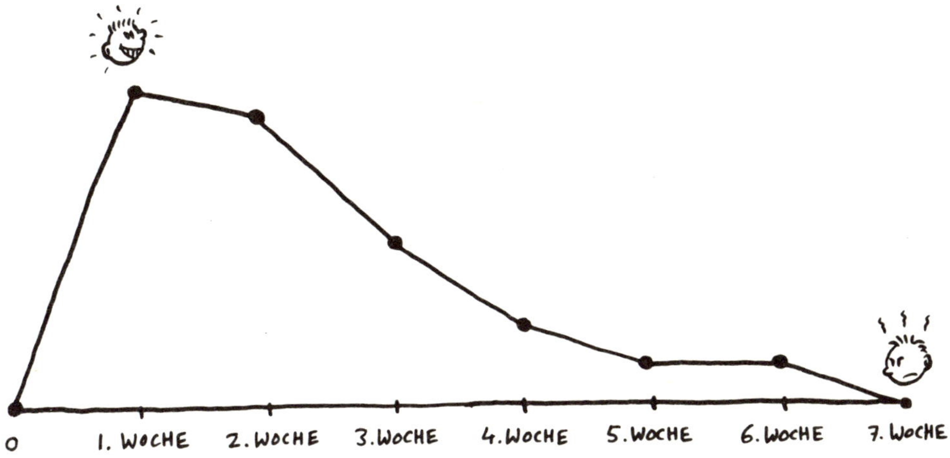

Oben siehst Du einen typischen Motivationsverlauf, wenn Lob und Anerkennung fehlen. Die Motivation sinkt nach den ersten Anfangserfolgen beständig, bei vielen Leuten sackt die Motivation, das neue Verhalten einzuüben, auf den Nullpunkt.

WORAN LIEGT DER MOTIVATIONSVERLUST?

1. Schnelle Anfangserfolge (die Freude darüber, daß man sich überhaupt an die Aufgaben setzt usw.) sorgen schnell für eine hohe Anfangsmotivation.

2. Nach spätestens zwei Wochen aber sind die Anfangserfolge verrauscht, was vor einer Woche noch neu und aufregend war, ist oberflächlich schon zur Gewohnheit geworden. Die mit der Verhaltensänderung immer verbundene **Anstrengung (schließlich arbeitest Du hart daran, ein jahrelang eingeschliffenes Verhalten zu ändern, und das ist harte Arbeit!!!) drängt sich in den Vordergrund.**

Es schleichen sich Fragen ein: Wozu das Ganze? Lohnt sich die Anstrengung? Habe ich schon etwas erreicht?
Wenn jetzt Bestätigung und Lob ausbleiben, setzen sich diese Zweifel mehr und mehr durch.
Die meisten Vorhaben scheitern deshalb nach ca. zwei bis vier Wochen.

Lob und Anerkennung sind das Brennholz für das Feuer der Motivation!

Und so sieht die Motivationskurve aus, wenn ständig Lob und Anerkennung kommen:

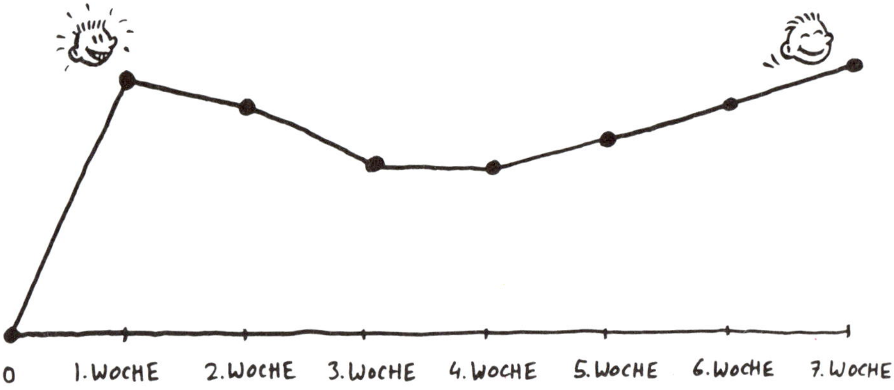

Selbst wenn gelobt wird, sackt die Motivation oft nach zwei bis drei Wochen auf ein mittleres Niveau ab, weil der seelische Widerstand gegen eine Verhaltensänderung in dieser Zeit besonders groß ist.
Danach jedoch hebt sich die Motivation kontinuierlich.

SELBSTLOB STINKT?

Nein, wenn es ein berechtigtes Selbstlob ist, stinkt es nicht. Wie Du an den beiden Motivationskurven siehst, ist Lob – und damit auch Selbstlob – absolut wichtig.
Denke an den Satz, daß jeder von uns nur die Dinge freiwillig tut, von denen er etwas hat: Stolz, Anerkennung, Achtung.
Auf eigene Leistungen kannst Du beruhigt stolz sein.

SELBSTLOBEN – ABER WIE?

Selbstlob kann ganz unterschiedlich aussehen:

- Dich entspannt zurücklehnen und still den Erfolg genießen
- Dir selbst laut zu sagen: Das hab' ich gut gemacht!
- Einfach vergleichen, was Du gestern noch nicht konntest, heute aber schaffst
- Dir eine kleine Belohnung gönnen (z.B. das Lieblingslied anhören, eine Süßigkeit usw.)
- Laut sagen, welche Ideenkiller Du gerade im Kopf hast – und dann nicht auf sie hören!
- Ein Protokoll über Dein Vorhaben schreiben und Deine Fortschritte darin festhalten
- Und und und

LOB VON ANDEREN BEKOMMEN

Manchmal wirken sich persönliche Vorhaben sofort in der Schule und im Unterricht aus. Dann wirst Du alsbald die Unterstützung und Anerkennung von seiten der Lehrer, der Eltern und der Mitschüler bekommen.
Oft ist das aber nicht der Fall: Oft wirkt das „Schmutzige-Brühe-Prinzip“: Lange Zeit zeigen sich nach außen keine Erfolgswirkungen, obwohl sich unter der Oberfläche der Erfolg seinen Weg bahnt.

EIN FREUNDLICHER HELFER MUSS HER!

Deshalb brauchst Du unbedingt jemanden, der Dich bei Deinem Vorhaben begleitet und Dir immer wieder Deine Fortschritte vor Augen führt. Wir haben nämlich festgestellt, daß die meisten Schüler weder in der Lage waren, sich selbst zu loben, noch überhaupt eigene Lernfortschritte anzuerkennen.
Dieser Helfer kann Dich auch aufpäppeln, wenn Du mal Rückschläge hast oder wenn Dein innerer Schweinehund Dich in eine Null-Bock-Haltung treibt. Das kann durchaus öfter passieren.

7. *Ein freundliches Umfeld organisieren: Hilf anderen, dann wird Dir geholfen!*

Natürlich wird es so sein, daß viele Leute Dir zum Aufgeben raten, daß der Lehrer sagt: „Du bist immer noch nicht besser geworden“, daß es weiter schlechte Noten hagelt (Schwarze-Brühe-Prinzip). Diese Leute füttern beständig Deinen inneren Schweinehund mit neuen Ideenkillern.
Deshalb: Suche Dir Freunde, die Dich unterstützen, die Dir immer wieder sagen, welche Fortschritte Du dennoch machst. Habe Vertrauen zu Dir selbst.

VIELEN LEUTEN DEIN VORHABEN ERZÄHLEN

Erzähle möglichst vielen Leuten, was Du vorhast. Erzähle es vor allem dem betroffenen Lehrer. An den Reaktionen der Leute wirst Du sofort merken, auf wen Du Dich verlassen kannst und auf wen nicht.

Du kannst selbst dafür sorgen, daß Du viele Helfer bekommst. Verhalte Dich anderen gegenüber immer so, wie Du selbst von ihnen behandelt werden möchtest.

Wenn jemand Dich um Hilfe bittet, hilf ihm.
Wenn jemand Hilfe braucht, biete sie ihm an.
Hilf Schwächeren, beteilige Dich nicht an Hänseleien.
Reagiere auf Hänseleien gelassen, laß Dich nicht provozieren.

Kapitel 8: Hausaufgaben gemeinsam machen

Sehr sinnvoll ist es, Hausaufgaben mit anderen Klassenkameraden zusammen zu machen. Das kann regelmäßig sein, jeden Tag oder auch einmal die Woche. Je nachdem, wie es sich organisieren läßt. Die Möglichkeit dazu besteht,

1. **wenn ihr eine Freistunde habt;**
2. **wenn ihr nah genug beieinander wohnt, so daß es kein großer Aufwand ist, mit Bussen/Bahnen oder mit dem Auto zueinander zu kommen;**
3. **wenn ihr weit auseinander wohnt und ihr euch zu gemeinsamer Übernachtung verabredet.**

HAUSAUFGABENZIRKEL: KEIN ABSCHREIBECLUB

Damit es gleich klar ist: Ein Hausaufgabenzirkel ist kein Abschreibeclub. So jedenfalls darf **nicht** gearbeitet werden: Bernd macht Mathe, Isabelle macht Englisch, Franziska macht Deutsch, Uwe Erdkunde und Geschichte. Anschließend schreibt jeder vom anderen ab.

Eine solche Arbeitsweise geht nach hinten los, denn vom bloßen Abschreiben kapiert niemand einen Stoff. Abschreiben ist nämlich ein automatischer Vorgang. Das bedeutet, daß sich die Konzentration auf die Erledigung der Arbeit, des Schreibens, richtet, aber nicht auf den Inhalt. Vom Inhalt bleibt beim Abschreiben nichts hängen.

Wenn ihr also als Abschreibeclub arbeitet, habt ihr zwar immer die Hausaufgaben gemacht. Ihr habt sie aber nicht kapiert. Und das Ende vom Lied wird sein, daß jeder von euch in den Fächern, in denen er von den anderen abschreibt, schlechter wird.

So wird effektiv gearbeitet

VORBEDINGUNGEN

Zu den Vorbedingungen eines Hausaufgabenzirkels gehört, daß jedem ein Arbeitsplatz zur Verfügung steht. An einen genügend großen Eß- oder Wohnzimmertisch passen gut vier Leute ran, an den eigenen Schreibtisch einer.
Stühle und Tisch sollten zueinander passen (siehe Seite 21). Eure Gruppe sollte schon wegen des benötigten Platzes aus zwei bis höchstens fünf Leuten bestehen. Dann müßt ihr ungestört arbeiten können, also Eltern oder andere Geschwister haben in dem benutzten Raum nichts zu suchen (es sei denn, sie bringen euch eine kleine Erfrischung!).
Wenn ihr euch nachmittags trefft, reserviert maximal zwei Stunden für die Hausaufgaben. In der Regel werdet ihr weniger Zeit brauchen, aber wenn ihr von vorneherein zwei Stunden einplant, kommt ihr nicht in unnötigen Zeitdruck. Natürlich muß jeder pünktlich zur vereinbarten Zeit erscheinen.
Ideal wäre es, wenn ihr gemeinsam direkt von der Schule zu Dir nach Hause geht. Dort könnt ihr dann gemeinsam etwas essen.
Wenn die Eltern berufstätig sind, könnt ihr vielleicht etwas zusammen kochen? Das macht erstens Spaß, schmiedet zweitens eure Gruppe weiter zusammen und sorgt drittens dafür, daß ihr euch erst mal von der Schule erholt.

DIE ARBEITSGRUPPE

1. Getränke und leichtes Essen

Der Gastgeber sorgt dafür, daß jeder genügend zu trinken hat und daß etwas Leichtes zum Essen bereit steht (Joghurt, Obst, Knäckebrot, ein Salat). Getränke bitte nur Mineralwasser und kalorienreduzierter reiner Fruchtsaft, am besten gemischt.
Cola und Saftgetränke sind wegen ihres hohen Zuckergehalts Energieräuber, die eure Konzentrationsfähigkeit mindern.

2. Der jeweilige Gastgeber ist der Leiter des Hausaufgabenzirkels

Wenn ihr euch immer beim gleichen Mitschüler trefft, legt ihr vorher fest, wer beim nächsten Mal Gruppenleiter ist.

3. Der Gruppenleiter liest die Hausaufgaben vor

Der Gruppenleiter liest als erstes die Hausaufgaben vor, die zu erledigen sind. Er liest langsam und deutlich vor, damit die anderen mit ihren Aufzeichnungen vergleichen können.

Die anderen korrigieren oder ergänzen, was der Gruppenleiter vorgetragen hat.

4. Die Lernplanung

a) Die Gruppe verabredet, in welcher Reihenfolge die Hausaufgaben gemacht werden sollen.

b) Die Gruppe unterteilt die in einem Fach gestellten Aufgaben möglicherweise in kleinere Häppchen (z.B. Englisch: Übung 13 auf Seite 140 und Vokabeln lernen als zwei getrennte Aufgaben).

c) Bei Arbeitsaufgaben (20 Rechnungen der gleichen Art, pattern drills und Fill-In-Übungen in Fremdsprachen) wird vereinbart, die erste und letzte Aufgabe zu machen. Diese macht jeder selbst, und sie werden dann in der Gruppe verglichen (den Rest könnt ihr dann ohne Schaden von demjenigen abschreiben, der sie am schnellsten kann).

d) Es wird festgestellt, ob jemand von vorneherein glaubt, eine bestimmte Aufgabe nicht zu können.

5. Die Durchführung

Jetzt wird Schritt für Schritt vorgegangen: Entsprechend der festgelegten Reihenfolge werden die Hausaufgaben erledigt. Dabei ist zu beachten:
Wenn jemand von vorneherein gesagt hat: **„Diese Aufgaben kann ich nicht"**, wird zunächst eine Musteraufgabe gemacht und der Lösungsweg erklärt. Dazu ist es günstig, wenn ihr als Tafelersatz ein großes Blatt Papier (DIN A3 oder größer) mit Tesa an eine Tür klebt und dort für alle sichtbar eine grammatische Frage, der Rechenweg, die Umsetzung von Zahlen in eine Tabelle oder was auch immer erklärt wird.
EINER erklärt, und die anderen hören zu. Wenn ihr der Meinung seid, die Sache wird falsch erklärt, sagt eure Meinung erst, wenn der erste Erklärer fertig ist. Wenn ihr nicht zu einer gemeinsamen Meinung kommt, überlegt, wo ihr eventuell nachschlagen könnt (Grammatikbuch, Duden, Mitschrift der Unterrichtsstunde usw.).
Wenn ihr dann immer noch keine gemeinsame Meinung habt oder plötzlich alle verwirrt seid, schreibt euch einfach das Problem auf und bringt es in der nächsten Unterrichtsstunde zur Sprache.
Denn Nichtwissen oder Verwirrung sind Alarmzeichen, daß ihr den Stoff noch nicht kapiert habt. Also muß er nochmal vom Lehrer abschließend erläutert werden.

Treten aber in eurer Gruppe keine Fragen zum Stoff auf, wird die Aufgabe erledigt.

Ergebnisse sofort vergleichen

Nach jeder Etappe werden sofort die Ergebnisse verglichen (also: Rechenergebnisse, Vokabeln abfragen, auswendig Gelerntes aufsagen). Das könnt ihr, je nach dem, wie es am schnellsten geht, in der Gesamtgruppe oder in Partnerarbeit machen.
Werden Fehler entdeckt oder unterschiedliche Ergebnisse, müssen diese erstmal markiert werden. Erörtert dann noch einmal gemeinsam den Lösungsweg, stellt fest, wer ein falsches Ergebnis hat und helft demjenigen, die Ursache des Fehlers zu finden und ihn zu korrigieren. Dabei reicht es, eine Aufgabe zur Kontrolle zu machen. Der Rest wird später korrigiert.
Anschließend wendet ihr euch der nächsten Aufgabe zu.

6. Die Korrekturphase

Jetzt bleibt noch Zeit, Fehler zu korrigieren, Vokabeln nachzuholen und bei Arbeitsaufgaben diejenigen zu erledigen, die bisher noch nicht gemacht wurden (siehe oben, Punkt 4c).

7. Der Abschluß

Schreibt noch einmal auf, wo entweder die ganze Gruppe oder ein Einzelner Schwierigkeiten hatte. Das bringt ihr dann in der nächsten Unterrichtsstunde zur Sprache. Dort sagt ihr dann einfach: „**Unsere Gruppe** hatte da und da Schwierigkeiten." Das verleiht dem Problem mehr Gewicht (weil vier Schüler Schwierigkeiten hatten) und schützt den Einzelnen davor, bloßgestellt zu werden. Wie sagte schon Mr. Spock bei Raumschiff Enterprise: „Die Gruppe zählt mehr als der Einzelne." Das bedeutet aber auch, daß die Gruppe Verantwortung für den Einzelnen übernimmt und ihn nicht hängen läßt oder bloßstellt.

DER WERT DES HAUSAUFGABENZIRKELS

Der Wert eines Hausaufgabenzirkels liegt vor allem darin, daß Du eventuelle Verständnisprobleme in einem Kreis von Gleichgesinnten besprechen kannst und nicht vor der Alternative stehst, keine Hausaufgaben zu machen und morgen die Motzerei vom Lehrer ertragen zu müssen.
Zweitens kannst Du Ergebnisse sofort kontrollieren und bekommst so gleich die Rückmeldung, ob Du den Stoff tatsächlich verstanden hast.
Drittens bist Du nicht allein bei den Aufgaben, zwischendurch gibt es immer wieder etwas zu lachen, man kann mal so richtig lästern, Dampf ablassen usw.

MEHR ZEITAUFWAND, ABER HOHER NUTZEN

Die Erledigung der Hausaufgaben zusammen mit Freunden geht auf gar keinen Fall schneller. Eher dauert es so eine halbe Stunde länger. Aber dafür bist Du den Aufgaben nicht hilflos ausgeliefert, sondern hast Helfer, die es Dir noch mal erklären. Hausaufgabenzirkel schützen auch vor Streit mit den Eltern, die sich jetzt ja nicht mehr um die Aufgaben kümmern müssen.
Und: Hausaufgaben bewahren Dich möglicherweise davor, zweimal die Woche zu einem Nachhilfeinstitut zu laufen. Die Hilfe durch Klassenkameraden ist nämlich oft genauso gut.

Kapitel 9: Was tun bei Ungerechtigkeiten?

DAS GESPRÄCH SUCHEN

Lehrer sind auch nur Menschen und machen entsprechend viele Fehler. Außerdem wissen sie oft gar nicht, wie es euch bei den Hausaufgaben geht.
Ein Gespräch lohnt sich also immer. Oft lösen sich viele Konflikte einfach dadurch, daß jeder der Beteiligten weiß, warum der andere so handelt, wie er es tut. Ihr solltet also dem Lehrer erzählen, was euch stört und warum es euch stört. Und der Lehrer sollte euch begründen, warum er sich so verhält, warum er also nicht kontrolliert oder immer so viel aufgibt.
Ziel eines solchen Gespräches ist es zunächst, die Gründe des Lehrers zu erfahren.
Dann wißt ihr auch schon, wie er zu euren Vorschlägen steht.
Und vielleicht findet ihr ja eine Übereinkunft, an die sich dann alle halten müssen. (Zum Beispiel, daß ihr im Unterricht aufmerksamer seid und der Lehrer dafür nur noch halb so viele Aufgaben aufgibt.)

DAS GESPRÄCH VORBEREITEN

Zu einer Gesprächsvorbereitung gehört, daß ihr Material sammelt, um eure Argumente zu stützen:
Ist das Problem, das Du hast, Dein eigenes, oder haben andere auch noch das Problem? Vielleicht die ganze Klasse?
Wenn die Hausaufgaben zu lang sind: Wie lange braucht jeder einzelne tatsächlich? Ihr solltet also zu Hause die Zeiten aufschreiben. Und den Lehrer bitten, euch zu sagen, was er glaubt, wie lange ihr brauchen solltet. Und ihr solltet euch den Hausaufgabenerlaß bei eurer Schülervertretung besorgen.
Wenn Strafarbeiten verteilt werden: Schreibt genau die Situation auf, die zu der Strafarbeit geführt hat.

DIE GESPRÄCHSFÜHRUNG

Achtet im Gespräch darauf, daß ihr den Lehrer weder beschimpft nach beleidigt. Macht ihm auch keine Vorwürfe oder Unterstellungen, etwa in der Art: **„Sie denken doch nie über die Hausaufgaben nach"** oder **„Es interessiert Sie ja gar nicht, ob wir die Aufgaben machen".** Das schafft bloß Verärgerung beim Lehrer und das Gespräch ist dann schon gelaufen. Bei allem, was ihr sagt, geht von euren eigenen Gefühlen aus. Also würden die beiden Sätze lauten: **„Wir wissen oft nicht, was der Sinn der Aufgabe ist"** und **„Wir haben immer ein doofes Gefühl, wenn wir zu Hause sitzen und die Aufgaben machen, sie in der Schule aber gar nicht kontrolliert werden."**

Allein die Suche nach solchen Formulierungen ist schon ein Stück Arbeit, aber es lohnt sich, weil ihr so den gegenseitigen Respekt fördert.

Lehrer sind oft viel beredter und wortgewandter als ihr, deshalb kommt es häufiger vor, daß der Lehrer ein Argument bringt, bei dem ihr zwar ganz genau wißt, daß es nicht stimmt, ihr aber im Moment nicht wißt, was ihr dazu sagen sollt. Dann macht es gar nichts, wenn ihr sagt: **„Darüber müssen wir nachdenken, wir werden Sie da später noch mal drauf ansprechen."** Ihr müßt nur später wirklich den Lehrer drauf ansprechen und am Ball bleiben. Ein Konflikt löst sich ohnehin erst durch eine Reihe von Gesprächen.

WENN'S HART AUF HART KOMMT

Natürlich gibt es auch eine Reihe von Lehrern, die Schüler prinzipiell für Menschen zweiter Klasse halten und sich weigern, über die Hausaufgaben mit euch zu reden. Die nie danach fragen, warum Du Hausaufgaben nicht machst oder warum die ganze Klasse den Stoff nicht versteht. Die niemals Fehler bei sich suchen. Die euch lieber eine schlechte Note geben.
Wenn die Versuche, mit einem solchen Lehrer die Probleme sachlich zu besprechen, gescheitert sind, seine Ungerechtigkeiten aber himmelschreiend sind, dann bleibt euch nichts anderes übrig, als weiterzumachen wie bisher und sich durchzuwurschteln.

Denn das ist klar:
Lehrer sitzen immer am längeren Hebel.

Wie man trotzdem auch gegen Lehrer und die Schulleitung etwas durchsetzen kann, beschreiben wir im Buch „Besser motivieren – weniger streiten."

DER AUTOR

Wilfried Helms, Jahrgang 1959, war Gymnasiallehrer und leitet seit 1990 in Marburg die MIND UNLIMITED-Ferienkurse „Das Lernen lernen". Über 1000 Schüler haben an diesen Kursen bereits erfolgreich teilgenommen. Der Autor führt regelmäßig Tageskurse für Eltern, Schüler und Lehrer zu Themen wie „Besser motivieren – weniger streiten", „Vokabeln lernen – 100% behalten", „Konzentration ist lernbar" usw. durch.

DURCHSTARTEN IN

Deutsch
für die 5. Schulstufe
ISBN 3-85303-014-9

für die 6. Schulstufe
ISBN 3-85303-015-7

für die 7. Schulstufe ☆
ISBN 3-85303-044-0

Mathematik
für die 5. Schulstufe
ISBN 3-85303-018-1

für die 6. Schulstufe ☆
ISBN 3-85303-046-7

Englisch
für die 5. Schulstufe
ISBN 3-85303-016-5

für die 6. Schulstufe
ISBN 3-85303-017-3

für die 7. Schulstufe ☆
ISBN 3-85303-045-9

Französisch
für das 1. Lernjahr
ISBN 3-85303-019-X

☆ **erscheint im Herbst 1995**

ca. 160 Seiten mit Lösungsheft
durchgehend witzig und farbig
illustriert

Ferienkurse für Schüler „Das Lernen lernen“

Spaß in den Ferien – Mehr Erfolg in der Schule

DIE NEUE FERIENIDEE
Erholsame und spannende Ferien mit gleichaltrigen verbringen – und gleichzeitig die schulische Erfolgsspirale auslösen.

MIND UNLIMITED – FERIENKURSE
Schule soll wieder Spaß machen.

- Training Lernmethodik
  Konzentration
  Motivation
  Mehr melden
  Lerntechniken
- Training Rhetorik
- Rechtschreibtraining
- Training in den Hauptfächern

- und:
  Reiten; Surfen
  Rudern; Bogenschiessen
  Tennis, Ski fahren
  ...und vieles mehr

Ferienkurse für Schüler „Das Lernen lernen“

Spaß in den Ferien – Mehr Erfolg in der Schule

DIE NEUE FERIENIDEE
Erholsame und spannende Ferien mit gleichaltrigen verbringen – und gleichzeitig die schulische Erfolgsspirale auslösen.

MIND UNLIMITED – FERIENKURSE
Schule soll wieder Spaß machen.

- Training Lernmethodik
  Konzentration
  Motivation
  Mehr melden
  Lerntechniken
- Training Rhetorik
- Rechtschreibtraining
- Training in den Hauptfächern

- und:
  Reiten; Surfen
  Rudern; Bogenschiessen
  Tennis, Ski fahren
  ...und vieles mehr

Karten entlang der Linien ausschneiden, Absender bitte eintragen und Karte unfrankiert in den nächsten Briefkasten werfen.

Mein Absender:

____

____

____

Tel.: ________________

bitte ankreuzen

Ja, ich interessiere mich für Ihr Programm.
Schicken Sie mir bitte kostenlos und unverbindlich

❍ Ihren Prospekt „Ferienkurse Das Lernen lernen"

❍ Informationen über Wochenendkurse für Schüler/Eltern/Lehrer

Gebühr zahlt Empfänger

Rückantwort

MIND UNLIMITED

Forsthausstraße 56
D-35043 Marburg

Mein Absender:

____

____

____

Tel.: ________________

bitte ankreuzen

Ja, ich interessiere mich für Ihr Programm.
Schicken Sie mir bitte kostenlos und unverbindlich

❍ Ihren Prospekt „Ferienkurse Das Lernen lernen"

❍ Informationen über Wochenendkurse für Schüler/Eltern/Lehrer

Gebühr zahlt Empfänger

Rückantwort

MIND UNLIMITED

Forsthausstraße 56
D-35043 Marburg

MIND UNLIMITED: Tel. 06421/94848-0